一本搞定K書、考試、時間管理的

學習聖經

HOW TO STUDY

The program that has helped millions of students study smarter, not harder

全美暢銷35年，超過350萬冊的學習見證

朗恩·費瑞 Ron Fry——著
麥慧芬——譯

雖然學習過程有時會讓人覺得痛苦又無聊，但學習不應該是件痛苦或無聊的事。
我不會保證本書能讓所有學習變得簡單，那是不可能的事。
事實上，若要得到期待的美好結果，你必須付出相當的努力，
而這本書可以照亮你前進的道路、指引方向，確保你在旅程中配備齊全。

目錄

前言

從用功到成功

學習本身就是無價之寶。

——英國文學大師威廉・哈茲里特 William Hazlitt

準備這本學習聖經的全新改版時，我不確定修改幅度該有多大。從互動式智能板、智慧型手機，到數百萬種應用程式和數不清的網站，教育的面貌因科技而變得全然不同，我擔心前幾版所提到的學習建議與方法，會不會已經落伍了？

過去十年的各種科技變化，促使我重新檢視這本書的所有內容。是否有更簡單且更有效的方法，可以完成那些千篇一律的學習作業？有沒有需要強調的新課題？曾經有用的做法，如今是否不再適用？

哲學家蒙田說：「人必須不斷學習。」我要告訴現代的學習者，若想追求好的表現，你必須熟悉各種基本的學習技能。而最有效的學習方式，特別是可取得的各種學習工具，顯然日新月異，你必須與時俱進。

這一版的內容依然包括了：學習、理解與記憶的各種訣竅與方法；如何將你從課堂、課本、圖書館與網路上學到的知識做成筆記；如何準備各種考試，以及拿高分的技巧；如何做研究、準備扎實的書面與口頭報告；如何安排學習時間表，在最短的時間內獲致最佳的成果。不過前兩章我要先談談很多人或許以為與學習無關的一些重要能力，還有從一開始就要做對的重要步驟。

定位你的起跑點

孔夫子說過：「學而不思則罔，思而不學則殆。」培養良好的學習習慣猶如一場同儕之間的賽跑。在得勝之前，大家必須先就終點的位置取得共識。換言之，該如何評估每個人的學習狀況？什麼是好的結果？什麼是不理想的表現？

再者，你必須知道起跑點在哪裡，才能正式開始比賽；尤其如果大會為不同的參賽者劃定了不同的起跑位置！

本書第一章會先說明各種學習的技能，以及每一種技能可以帶來的效用與達到的效果。瞭解這些，你才能夠找到自己的起跑位置。

第二章將點出學習的時間、地點與方法的重要性。瞭解這些，你就可以開始打造最適合自己的學習環境。

學習的國度裡沒有神奇的萬靈丹。如果數學和科學本來就不是你的拿手強項，即使你可以把這本學習聖經倒背如流，也無法讓你成為諾貝爾物理學獎得主。沒有人**樣樣行**，但每個人都有**擅長之處**。透過本書，你將有機會好好評估自己喜歡與不喜歡、最厲害與最不拿手的學科。

第二章還會介紹一些學習的「無形資產」，譬如家中的環境、個人的學習態度、動機等等。如果你專心投入學習，達成目標的動機明確，那麼更多有利於學習習慣的因素，自然會跟著到位。培養學習倫理是成功的關鍵之一。

此外，你也要掌握學習過程中其他重要的部分，例如：懂得對老師察言觀色、培養良師益友、考量投資報酬率、保持彈性等等，這些都能夠幫助你建立好的學習根基。

接下來第三章將介紹學習的基本工：閱讀與理解。不論你筆記做得有多好、對學校圖書館有多熟悉、多會上網查資料或是有多用功，若是你的閱讀能力不足，無法理解或記不住讀過的內容，學習將變得艱難無比。

要成為好的閱讀者，需要一項通常在小時候就已經學過的技能。如果你尚未具備，現在學會也還不遲！

在第四章，我會談到記憶的訣竅、要領與方法，包括如何記住數字、記憶長串的資料、創造「關連性」的故事，以及其他必要的記憶能力。除此之外，我也要教你如何記住更多東西。

很多時候，想要有所進步，你需要的不是**更用功**讀書，而是**更聰明**的讀書方法。這表示你要懂得善用學習的時間，花同樣的時間，收穫兩倍、三倍或四倍以上的成效。所以在第五章，我會介紹許多簡單且易於運用的時間管理工具，確保你朝著目標前進，而且在時間上游刃有餘。

第六章則著墨你我都有過的經驗：課堂學習。重點將擺在每個學科都必須具備的筆記能力、鼓勵你積極參與課堂討論，幫助你吸收更多課外知識。

第七章涵蓋了完成書面作業的所有步驟，從一開始的選題，然後是擬訂計畫、設定大綱，到利用圖書館或網路進行資料蒐集與研究。我會簡短說明圖書館主要的兩套分類系統，杜威十進分類法與美國國會圖書館分類法，並教你如何進行有效的線上研究而不落入網路陷阱。

第八章將介紹實際的論文組織方式與寫作流程，從撰寫初稿、修改、校對、確認註釋，到完成附錄與參考書目為止，還會扼要說明該如何呈現口頭報告。

第九章的內容包括準備週考、期中考與期末考等各種考試時，所有該做與不該做的事情，以及為什麼臨時抱佛腳不靈（但若實在別無選擇時，我會告訴你該如何抱）、不同形式的考試（選擇題、是非題、申論題、翻書題等）如何準備與應考、如何增加猜題得分的機率、哪些題目應該先作答、哪些留待最後處理。

你的學習方式有多聰明

本書是有史以來最全面的一本學習指導。這是一本按部就班的指引，為你打好基礎，只要你依照書中的內容去做，就可以發展並強化學習的功力。

如果你正在大學或研究所的苦海中掙扎，這本書會是你的救命恩人。

如果你是準備考大學的高中生，這本書將是磨練你學習功力的機會。

如果你不打算讀大學，你依然需要這本書幫你度過眼前各種學習難關。

如果你已經邁入成人的世界，隔了好長一段時間後才又重回校園、重拾課本，這本書將讓你學到無可取代的訣竅與技能。

假如你是個成績很糟糕的學生，怎麼辦？相信我，腦袋有多聰明不是重點，重要的是你學習的方式有多聰明。或許除了那百分之二被視為「天才」的人，這本書可以幫助任何年紀、任何學習程度的學生。如果你的成績介於中等到優等之間，讀了本書，你會看到自己明顯的進步。如果你總是在及格邊緣徘徊，應用本書，你會體驗到學習大躍進。如果你已經擁有良好的學習習慣，但因為遠離課堂多年而生疏了，本書將是喚醒你學習動力的最佳工具。

即使你屬於那百分之二的天才，我仍然認為你可以在本書中找到許多有用的地方。儘管我最初設定的讀者群是高中生，但多年來我發現各式各樣的讀者因本書而獲益，包括許多成年人。不少重回校園的讀者告訴我，本書是幫助他們再度熟悉學習的極佳指引；一些離開學校已久的讀者則表示，掌握這些學習方法可以讓他們的事業更成功。

最後，有太多父母發出同樣的哀嘆：「該怎麼做才能讓我家的孩子乖乖念書

（或準時上課或成績更好）？」因此我想再花點篇幅說明這本書切中各個讀者群需求的特別設計。

如果你是高中生……

這本書的編排特別適合你：相對而言較短的句子、段落，以及生動的標題和用語。最初撰寫這本書時，我心中設定的讀者真的就是你們。

目前的你可能正在苦惱，不知道該如何學習！別再浪費任何時間了，你現在的第一要務，就是仔細研讀這本學習聖經，掌握書中所有的學習技巧。

如果你是國中生……

恭喜，你剛好處於研讀這本學習聖經的最佳年紀。六、七、八年級這個階段，在課程難度上呈現指數成長，此時無疑是應用學習技巧的最佳時機。

運用本書的內容，不但能讓中學階段的學習過程更輕鬆，還能讓你擁有更美好的學習體驗。

如果你是一般的大學生……

我希望你在高中階段無法解決的學習問題，此刻已經都有了妥善的處理。然而，如果你的不足之處不只一、兩個，而且無法有效解決，要高分走出校門的可能性就大大降低。如果你打算從零開始學習，那麼我給你的建議與高中生完全一樣：把研讀本書當成你的首要之務。

如果你是非傳統的學生……

或許你已年屆二十五、四十五、六十五或八十五歲才重返校園，那麼你比任何人都需要這本書！離開學校很長一段時間，你連自己忘記了什麼可能都不知道。你大概也已經忘了你應該記得的東西。儘管我一再強調，養成良好的學習習慣永遠不嫌早，但我也必須說，養成良好的學習習慣永遠不嫌晚。

父母可以做些什麼？

美國心理學家米爾頓．沙皮爾史坦（Milton Sapirstein）曾說：「教育和經神病一樣，都是從家開始。」鞠躬盡瘁的父母可能遠比鞠躬盡瘁的學生多。每當我參加廣播或電視節目時，最先接到的諮詢電話永遠來自於憂心忡忡的父母，他們總是問我：「該怎麼做才能讓孩子的學業表現更好一點？」以下是給所有學生家長的建議：

✔**設置一個學習專區**。沒有令人分心的事物、光線充足、所有必要的文具用品一應俱全。

✔**建立一套做功課的固定作息**。許多研究都指出，養成規律習慣的學生，不但會有更好的組織能力，學業表現也更令人滿意。

✔**設定優先順序**。事實上，只要訂出做作業是第一優先處理要務就好，重要性高於約會、電視、出門玩耍或其他事情。

✔**養成閱讀的習慣**。關於閱讀這件事，父母無法置身事外。孩子會模仿父母的行為，而非只是聽你說了什麼（即使你對他們說不要學你也沒用）。如果你一直叫孩子去念書，自己卻持續展示錯誤的行為，請想想孩子會有多混亂。

✔**關掉電視**。或者至少嚴格規定看電視的時間。這或許是最難執行的一項建議；我很清楚這一點，因為我也經歷過女兒青少年時期的瘋狂行為。

✔**與老師溝通**。要弄清楚孩子應該學些什麼，還有什麼比這更好的辦法？若非如此，你甚至還可能幫了倒忙，干擾或打亂老師的教學進度。

✔**給孩子適時的鼓勵及學習的動機**，別只是嘮叨要他們做功課。嘮叨沒有用。你越嘮叨，孩子越容易聽而不聞。

✔**監督孩子的課業**，但別落入幫他們做作業的陷阱。舉例來說，幫孩子校對作業內容是很好的協助，但若你捲起袖子幫孩子訂正所有錯誤，只會讓孩子學到不用為自己該做的事負責。

✔**在孩子成功時給予讚美**，但如果他們做得不是很好，也不要過度讚美。孩子對於不誠懇的言行非常敏感。

✔**請讓年紀已經夠大的孩子認清現實**。讓他們瞭解，雖然現實世界不會太在乎他們的成績，卻會以他們學習及處事的能力評估他們。建立起這個觀念，可以讓他們（還有父母）將來少流很多眼淚。溫柔地告訴你家的小天才，人生並不公平……協助他們面對這樣的現實。

✔**確保孩子具備課業研究與表現所需的技術**。現在的孩子都必須懂電腦，在學校及課後都要擁有網路管道，確保跟得上學業進度。

✔**再次確認電視已經關掉了！**

✔**在孩子做功課時，收起他們的手機、關掉即時通訊軟體與訊息通知**。孩子肯定會想要說服你，這些東西完全不會影響他們做作業。吃這套的父母通常也會同意孩子坐在電視機前面寫作業。

找到最適合自己的學習方法

你現在捧在手中的這本學習聖經已經是第八版了，協助眾多學生與家長（甚至老師）的時間超過二十五年。如果你需要更多的協助，這套系列的英文出版品還包括：*Ace Any Test*、*Get Organized*、*Improve Your Memory*、*Improve Your Reading*、*Improve Your Writing*。謝謝各位對這些書的支持。

雖然學習過程有時會讓人覺得痛苦又無聊，但學習不應該是件痛苦或無聊的事。我不會保證本書能讓所有學習都變得簡單，那是不可能的事。事實上，若要得到期待的美好結果，你必須付出相當的努力，而這本書可以照亮你前進的道路、指引方向，確保你在旅程中配備齊全。

某些科目無法單靠一次閱讀或上課聽講就全部理解，又或許你即使看了或聽了兩、三遍，依然無法搞懂全部的內容。針對這些科目，你需要慢慢學習，但這不表示你的能力有問題，很可能那是一門多數人都覺得頭痛的課程。（我的天敵是物理化學。）編纂欠佳的教科書與令人沮喪的老師，同樣會讓學習變得困難。

除此之外，不可避免地你會認為有些課程與日後生活風馬牛不相及。「怎麼想都想不通，為什麼我要學三角函數（或物理、法國文學、歐洲歷史，隨便你怎麼說），我永遠也用不到啊！」

相信我，你永遠不會知道自己下週需要或不需要什麼、必須用到或記住什麼，遑論十年後的情況。根據我的經驗，那一大堆看似「無用」的資訊與學習，最後都對我的職涯產生了重要的影響。所以，什麼都要學。若你樂於學習，我保證你永遠都不需要擔心將來需要學些什麼。

儘管聽起來有些大言不慚，但我堅信這本學習聖經是坊間最好的書。市面上當然有許多其他學習書，可惜多數並沒有達到他們宣稱要達到的目的。

有一本這類的學習書，作者花了五、六頁的篇幅討論時間管理……二十六頁討論睡眠、運動與營養的重要（甚至檢附菜單）。但是對於那些本來就清楚明白的事，我實在找不出任何理由要浪費讀者的時間，去看多此一舉的描述，好比說：當你疲累、飢餓、身體不適、酒醉、嗑藥或處於其他不正常的狀態下，什麼事都做不好，學習也不例外。所以，我要說的只有，請善用常識，盡可能吃得健康、睡得充足、維持合理的體態、避免酒精與毒品。如果你因為上述任何問題而無法達成目標，又無法靠自己解決問題時，找本好書或尋求專業協助。

另外，在一本學習書中，作者提出了幾個基本問題：「我應該在什麼時候學習？」「我應該在哪兒學習？」「我應該花多長時間學習？」之後則提出專斷的答案：「早早學習」、「單獨學習」，以及「學習時間一次不要超過一小時」。

我認為在學習的世界裡，沒有所謂的「正確」與「錯誤」。不論是解題或做筆記，都沒有單一且絕對的正確方法。千萬不要傻傻地相信真的有一種正確的學習方式，特別是當你目前的做法對你來說很管用時。也絕對不要因為某位自稱學習大師的人宣稱你全做錯了，就改變原來適用的做法；也許錯的人是對方。

當然，你也毋須期待在我的書裡找到一條適用於所有人的「規則」。你找不到的，因為根本沒有這種東西。你只會找到一堆技巧、竅門、捷徑、方法，以及各種實用的做法。對你而言，這其中有些或全部建議都派得上用場，也可能不管用。挑挑選選、修修改改，找出最適合你自己的方式，因為要建立你的學習系統的人是**你**，不是**我**。

關於這本書要告訴你什麼，我已經說得夠多了，現在就讓我們起而行吧。

CHAPTER 1

好的開始，是成功的一半

學習瞭解自己，做自己。

——古希臘詩人品達 Pindar

在接下來的兩章，我會協助你：

一、評估目前各種學習技能的程度，找出需要努力與改進的地方；

二、建立最適合你的學習環境與方式；

三、依照你的喜好以及程度安排學習時間。

評估自己的學習能力

在接下來的幾頁裡，我會向讀者解釋本書所涵蓋的主要學習技巧：閱讀與理解、記憶力的訓練、時間管理、做筆記（課本、課堂、圖書館、網路資料）、課堂參與、資料研究與報告撰寫，以及準備考試。接著我要請各位自評目前每一項能力的熟練程度：A（優）代表對這項能力已達精熟或接近精熟的程度；B（可）代表還算熟練；C（普通至糟糕）表示熟練度低或完全不行。

為了讓大家先有個梗概，我們先從一個一般性的測驗開始。請閱讀下列二十八項描述，看看是否符合自己的情形。若符合，請選「是」；若不符，則選「否」：

01 是＿＿否＿＿我希望自己的閱讀速度能快一點。

02 是＿＿否＿＿我在課堂上不太專心。

03 是＿＿否＿＿我很少為了考試做複習，倒是考試前一晚會臨時抱佛腳。

04 是＿＿否＿＿我覺得自己念書的時間超過了實際所需。

05 是＿＿否＿＿我常常邊念書邊看電視，而且時常查看手機。

06 是＿＿否＿＿我很少能夠準時完成所有作業。

07 是＿＿否＿＿我通常都是在要交作業的前一週（或前一晚）才開始趕工。

08 是＿＿否＿＿我用相同的方式與速度閱讀所有的書。

09 是＿＿否＿＿我在網路上總是找不到自己需要的資訊。

10 是＿＿否＿＿學校功課太多，我吃不消。

11 是＿＿否＿＿我永遠沒辦法準時看完指定的閱讀章節。

12 是＿＿否＿＿我抄的課堂筆記好像都沒有抓到重點。

13 是＿＿否＿＿我經常忘記交作業的時間或考試日期。

14 是＿＿否＿＿考前容易緊張，考試無法發揮實力。

15 是＿＿否＿＿一篇文章我經常要讀個兩、三遍，才能瞭解意思。

16 是——否——讀完一個章節後，我往往無法記住太多內容。

17 是——否——我試著把老師講的內容都記下來，可是常常看不懂自己的筆記。

18 是——否——我最多只能專注十五分鐘，之後就會分心或覺得無聊。

19 是——否——我寫報告時，大多數時間都在查辭典或找資料。

20 是——否——我每次K書都不得要領。

21 是——否——我沒有使用任何行事曆。

22 是——否——我時常看到考卷就不記得自己念過什麼。

23 是——否——我無法平衡學業表現和社交生活。

24 是——否——我抓不到課本裡的重點。

25 是——否——考前複習課堂筆記，總覺得一頭霧水。

26 是——否——我討厭讀書。

27 是——否——我的申論式測驗分數通常不高，因為我不太會組織內容。

28 是——否——我花很多時間在電腦和網路上，可是好像都在浪費時間。

如果你回答「是」的題目為：

2、5、18，代表你需要強化自己的專注力。
1、8、15、16、24、26，代表你的閱讀與理解能力在扯你的後腿。
3、14、22，代表你需要學習好的備考方法，降低自己的考前焦慮症。
4、6、10、11、13、21、23，代表你的組織能力有問題。
7、19、27，代表你花了很多時間「寫」報告，卻不懂得如何進行研究或組織報告內容。
9、28，代表你需要提升電腦能力，學習如何辨識有效且切題的網路資訊。
12、17、20、25，代表你需要一套有效記憶重點的筆記法。

你回答了幾個「是」並非重點，重點在於有多少個「是」落入同一個範疇，那便是你亟需改進的領域。（話說回來，若你回答的「是」高達十個或以上，表示你的問題領域不只一個。）

讓我們再深入一點，對你的學習狀況有更明確的掌握。在此我列出了主要的學習力，往下閱讀其他章節之前，請另外先準備一張紙，自評你每一項學習力的程度。A兩分，B一分，C零分。（A：優；B：可；C：普通至糟糕。）

如果你的總分達到十七分或以上，在「初步自我評估」欄給自己一個A；總分介於十三至十六之間，B；十二分或低於十二分，C。這個根據自我感覺的評估結果，就是你的起始點。

初步自我評估	A（ ）B（ ）C（ ）
閱讀與理解	A（ ）B（ ）C（ ）
記憶力	A（ ）B（ ）C（ ）
時間管理	A（ ）B（ ）C（ ）
課本筆記製作	A（ ）B（ ）C（ ）
課堂筆記製作	A（ ）B（ ）C（ ）
圖書館筆記製作	A（ ）B（ ）C（ ）
課堂參與	A（ ）B（ ）C（ ）
撰寫報告	A（ ）B（ ）C（ ）
考試準備	A（ ）B（ ）C（ ）

整體學習能力　A（　）B（　）C（　）

現在讓我們逐一檢視這些學習力的領域，更清楚地瞭解「優」、「可」與「普通」的真正意義。當你看完每個領域的說明時，再回頭至上表中填入各項能力與整體學習能力的評分。要對自己誠實。日後讀完本書，這項評估結果將是你檢視自己進步程度的標準。

記住，評估的答案沒有對錯，只是衡量進步程度及找出需要改善之處的根據。

閱讀與理解

速度、理解與記憶是閱讀的三大要素。理解與記憶特別相關，若能強化這兩項要素，速度可以稍稍犧牲。想要測試自己的閱讀與理解能力，先閱讀下列摘文（取自Ron Olson, *U.S. History: From Reconstruction Through the Dawn of the 21st Century*），然後闔上書，簡略寫下這段摘文的重點，接著再翻開書，比較你記下的重點與實際的內容。如此一來，你就會明白自己瞭解了多少，以及印象記憶有多強。

一次大戰讓很多美國人對戰爭感到失望，於是美國改採孤立政策。英法強權縱容新興的侵略者：阿道夫·希特勒。由於漠視歐洲民族國家的改變以及姑息侵略者，終於導致了全球性的暴力。到了一九三〇年代末期，有七成的美國人認為美國參與一次世界大戰是個錯誤。

美國通過《中立法案》，實行武器禁運，也禁止出售軍火給任何交戰國，改採買家付現並自行運送的交易模式。美國想要賺錢，卻不願再涉入戰爭。隨著極權國家領導人在全球各地展現軍力，引發許多恐慌。對國家安全的威脅，讓美國無法忽視涉入另一場世界性戰爭的可能性。五千萬人死亡，加上戰爭帶來的毀滅性，為二次世界大戰劃下了句點。歐洲與日本不計其數的生命與財產損失、六百萬猶太人遭到屠殺、原子彈的發展與使用、蘇聯對東歐的掌握、德國分裂、日本戰俘的集中營、聯合國的建立，再再都讓這場大戰有別於史上任何一場戰爭。

孤立主義已是痴人說夢。在美國，二次大戰凸顯了種族不平等的問題、給予女性新的機會，也促進南方和西部的成長。二次大戰讓美國以絕對優勢壓倒了貿易對手，掌握世界經濟，同時擴大聯邦政府的規模，結合軍隊、企業與科學，塑造戰後的美國。

分數：如果你可以在兩分鐘內順利看完整段摘文，並正確加以摘要，甚至記得一些關鍵名字與統計數字，給自己一個A。如果你在閱讀與理解上有些問題，但仍在四分鐘內完成這項任務，給自己一個B。如果你無法在四分鐘內看完，也記不住看過的內容，或無法做出正確的摘要筆記，給自己一個C。

記憶力

測試一：注視下列數字十秒鐘。然後遮住它，寫下你記得的數字：

762049582049736

分數：如果你能記住十二個或十二個以上數字的正確位置，A；記住八到十一個正確位置的數字，B；七個數字或以下，C。

測試二：下列是十二個無意義的單字，以及我胡亂給它們的定義。花六十秒研究並試著記住每一個字、拼法及定義。

Capulam	茶杯	Maghor	飯碗
Armarek	窗簾	Jerysh	臂章
Zynder	哼歌	Opockal	安全
Thromph	項鍊	Stapnor	護士
Booleric	點心	Yeffer	醉酒
Cwassul	紙袋	Fravitous	飢餓

記好了嗎？闔上書，寫下這十二個字以及它們的定義。不一定要按順序寫。

分數：如果你正確列出九個或九個以上的字詞與定義（包括正確拼法），給自己一個A。如果你列出五至八個字詞與定義，或正確拼出九個或以上的單字，但弄混了定義，B。如果你記得的字詞與定義少於四個，C。

測試三：下列是歷史上確實存在過的埃及法老名單，依照年代順序排列：

Narmer　Anedjib

Hor-aha Semerkhet
Djer Qu'a
Djet Sneferka
Merneith Horus Bird
Den Hotepsekhemwy

你可以在三分鐘內編造出一個視覺的、連環的故事，讓自己更容易記住這些名字的正確拼法與順序嗎？

分數：如果你可以編出一個故事，讓自己正確記住至少九到十二位法老的名字與順序，不論故事內容多麼荒謬怪異，得A。六至八個正確名字與順序，B。五個或不足五個，C。

時間管理

你是否有效地運用了可以學習的時間，有兩項評估標準：一、把作業拆分成不同執行項目的能力，譬如閱讀、查資料、動筆撰寫；二、以有效的方式完成每一個細項工作的能力。

分數：如果你覺得自己運用時間的方式聰明又有效率，給自己一個A。如果你覺得時間有時候不夠用，B。如果你根本沒有時間觀念，給C。

製作清楚又有效的筆記

筆記的競技場有四個地方，家裡、教室、圖書館、網路，各需要不同的製作方式。

課本筆記：在家中溫習課本做筆記時，你應該先找出重點，用自己的話重新寫一次，掌握不熟悉的部分。在筆記本或課本邊緣寫下簡潔的筆記，或者將重點以螢光筆標示或畫線。你必須練習寫下問題與答案，確保自己瞭解閱讀的內容，同時標註你不知道答案的問題，以便在課堂上發問。

課堂筆記：課前準備是課堂參與的關鍵。若先預習過老師即將講授的內容，你就能夠專注於吸收老師的解釋要點。善加利用主題式的短句或自己發明的速記與符號，有助於將記憶與回想的內容做成筆記。筆記要有連貫性，而且要依著老師的授課模式。課後一有機會就要檢視筆記內容，把遺漏之處補上，同時加上你自己的想法。

圖書館與網路資料的筆記：圖書館筆記、課本筆記、網路筆記，三者之間有什麼差異？若資料來源是圖書館，最終你必須將書歸還圖書館（當然，你還得先把書借出來），要是你在書上做了記號，圖書館員勢必不會給你好臉色。而除非你打算把網路上找到的資料都印出來，逐一標記，否則以上兩種情況，你都必須具備一套有效的筆記系統，摘記資料重點。

當然，如果你對公立圖書館或學校圖書館極不熟悉，甚至連它們位在哪裡都不清楚，那麼當老師指定報告作業時，若你想要利用圖書館資源就會很傷腦筋。

同理，如果你所謂的有效網路運用，指的是追蹤那些社交名媛最近在做什麼，或確保自己每個小時都更新個人網頁，那麼要你為一篇十五頁的二次大戰期間日本戰俘集中營的報告進行資料研究與蒐集，勢必是項艱難的挑戰性。

分數：你可以摘要出課本上的重要資訊嗎？你能夠從課堂上老師的講解與大家的討論中抓到重點嗎？你是否過於頻繁地跑圖書館？你能不能以幾分鐘的時間找出十多個與報告主題相關的網站？

如果你做筆記的功力足以讓你抓住課本重點、在課堂上表現傑出、在各種資料庫中游刃有餘，還可以擬出詳細的報告大綱、寫出好的報告，那麼給自己一個A。若你覺得自己在做筆記上有任何不足之處，給個B。如果你所謂的筆記只是在上課時傳傳紙條，那麼就拿C吧。

課堂參與

不論有多少隨堂小考或報告作業，大多數的老師都會把學生在課堂上的參與度列入最終的分數計算。而且，或許你已經發現，就算在報告或考試拿高分的學生，若是屬於課堂上的隱形人，有些老師也不會給他們多好的期末成績。

分數：如果你每次都做到課前預習（最起碼看過所有的指定教材、做好指定作業並準時提交）、積極參與討論，並經常提出相關的問題，不論是為了炫耀自己有多行，或是想彌補知識的不足，都給自己一個A。如果前述事項中，有任何一項你沒做到，B。如果你連教室在哪兒都搞不清楚，C。

撰寫報告及準備口頭報告

愛迪生說天才是一分的運氣，加上九十九分的努力。然而，我認為，不論準備書面或口頭報告，其實都是九十分的努力（研究）與十分的運氣（寫作靈感）。換言之，要寫出一份優秀的報告，與其說是靠寫作技巧，更重要的其實是上述那些學習能力的運用。如果你是個求知若渴的學子，而且對圖書館瞭若指掌、精通網路搜尋，外加筆記做得一級棒，還能把最複雜的題目拆解成可以處理的步驟，那麼要你交出精彩的報告應該沒問題。

分數：如果你在筆記製作、時間管理及閱讀等項目都拿了A，那麼這一項也給自己一個A。如果你覺得自己交出去的報告還算不錯，但上述幾個能力仍有待加強，給自己一個B。若你認為寫報告就是把網站上的相關資料印下來，或把摘要重新打一遍，你只能拿C。

準備考試

周全的考試準備，關鍵在於掌握考試的範圍以及考試的型態。

週考或複習考，涵蓋的範圍通常都是最近才教的內容。期中考與期末考的範圍比較大，通常是該學科所有學過的部分。選擇題、申論題、計算題，以及在科學實驗室進行的考試，需要不同的準備及應試方法。

瞭解自己即將面對的考試類型，可以讓你更輕鬆地備考。列出你認為老師最可能出的考題。定期複習課本內容與課堂筆記，標示老師提示為重點的地方，這些地方通常是他們最可能出題的方向。最後再提供一個訣竅，想想若你是老師，你會出什麼題目？列出十個或更多題目，做自我測驗。

分數：如果你能夠列出比老師出的考題更難的題目，而且在實際測驗中拿到好成績，給自己一個A。如果你覺得自己瞭解老師教授的內容，但考出來的成績不如預期，給自己一個B。若你連駕照筆試都考不過，遑論代數了，拿個C吧。

看看你的整體分數

對每一項學習能力都做出評等後，每一個A得兩分、B一分、C零分。若總分達到十七或更高，優（A）；十三至十六分，可（B）；若總分在十二分及以下，普通（C）。然後依照你的新分數，回頭勾選「整體學習能力」欄（P.29）。

你之前尚未看過完整能力介紹時的初步自我評估，與這次較為詳細的評估相比，結果差多少？如果初次評估與詳細評估的結果差異太大，代表你還不能丟開這本書。若你的初始評估比詳細評估低，代表你的實際情況比你預想的好！

以誠實的態度評估各項學習能力。瞭解自己的強項與弱點，特別是那些你需要培養或加強的技能，有助於你集中力量強化不足之處。

儘管我建議你要完整看完這本書，但前述的簡單測試可以讓你找出自己最需要研讀的章節，以及應該持續加強的技能。

CHAPTER 2

擬訂你的學習計畫

為了讓知識能夠好好消化，必須以好胃口吞下它。

——諾貝爾文學獎得主阿納托爾．法朗士Anatole France

如果你現在每科都不及格，那麼我無法保證這本書會奇蹟式地讓你變成資優生。顯然你的學習有什麼地方出了問題或不足。然而，我可以向你保證，不論你目前的成績如何或者有多用功，如果你真的花時間練習本書中的技能，絕對會有好的改變。

你需要的可能不是花更多的時間念書，而是提升學習效率，或更有效地利用時間、更聰明地學習。事實上，說不定你還可以減少學習的時間，卻得到更棒的結果。

所有學習都需要自律。對大多數人而言，自律是最困難的一件事。如果你練習了本書提到的各項學習技能，接下來最重要的是持之以恆，如此一來必定可以拿到更好的成績、表現得更好。

假如你對學校的課業完全不放在心上，或者只花一點點心思，那麼從現在起，你得投入更多的時間與努力。更多是多少？問得更明白一點：你應該花多少時間念書？答案是，直到你得到你想要的結果為止。事實上，採納本書的建議，聰明學、輕鬆讀，你花在念書上的時間可能還會比以前少。不過若追趕的距離越大，例如從三十分到九十分，你需要學習的東西就越多，學習的時間當然也就越長。

但千萬別喪氣，因為你很快就會看到令人驚喜的好成果。

培養學習的習慣

如果你花了很多時間念書，學業表現卻不見起色，很可能是因為學習習慣不佳。我不知道你從哪裡或何時養成這些習慣，但讀書不得要領也會變成一種習慣！好消息是，壞習慣不但可以革除，還可以輕易地被好習慣給取代。作戰計畫如下：

- 用一個習慣取代另一個習慣，要比完全戒掉某一個習慣容易。與其努力忘掉不好的學習習慣，不如改採好的學習習慣。
- 練習是所有學習引擎的潤滑油。練習得越多，根扎得越深。
- 把你打算提升學習能力及在校表現的計畫告訴朋友與家人。（對某些人而言，這是個很有用的做法，壓力會帶給他們動力。）

▼確保自己從每一個成果中得到足夠的動能，一步步往前邁進，即使前路迢迢，也要堅持下去。你可以在牆上貼張表格，列出每天的「今日成果」。

從下一章開始，焦點會擺在增進特定學習能力的策略，包括寫報告、做筆記、考試、閱讀等等。而本章要先討論整體的學習策略，它們與特定的技能無關，卻攸關最終的學習成就。

沒有一蹴而就的事情

學習如何學習是一個漫長的過程。這趟旅程一旦開始，你會驚訝於沿路上竟然有這麼多地標、小徑、巷弄以及路牌。即使你已經成為比你夢想中更好的模樣，仍不可避免地會看到各種充滿資訊價值的路標、可供探索的彎道，或通往動人機會的捷徑。

把學習如何學習當成一輩子的事，隨時做好調整的準備。思考整體學習的策略時，這樣的心態特別重要。每天晚上要念多久的書？不同學科的學習時間應該如何分配？讀多久要休息一下？這些問題的答案，會因為你的學習狀況、要追趕的進度、對目標感興趣的程度、花在其他活動上的時間、健康狀況，以及一大堆其他的個人因素，而有所不同。

你學習的順序是什麼？從最難的作業開始，還是從最簡單的開始？從分量最重或最輕的開始？能否接受不同學科間來回切換的學習方式？又或者你比較喜歡專注在單一目標，完成某一科的功課和複習後，再換下一科？

你的學習策略是什麼？高中歷史老師要你記住南北戰爭中一連串的戰役名稱、日期與人名。大學教授期待你能夠掌握各個戰役之間的關係，以及它們與同時期世界各地所發生的事件如何相互影響。**老師所要強調的重點，會改變你的學習方式**。

各項作業與任務也會影響你的時間安排。舉例來說，當我坐下來思考某個章節的內容該如何鋪陳時，我需要一段相對較長的時間，且不受打擾；少則一個小時，長則三個鐘頭。這樣我才有充足的時間把資料依照需求排序，然後思考整個章節的架構，把筆記轉換成寫作內容、考慮有問題的地方，以及確認範例或插圖要擺在哪裡。如果我在半小時後得參加會議，我就根本不會開始想這些事情。

我要說的是，對於許多學習的問題，並沒有理想的解決方式或答案，當然更沒有「正確」的答案。重點在於：找出對自己最有效的方式，堅持不懈地練習。倘若這個方法不再奏效，或者效果似乎沒有之前那麼好，就換一種方式。

本書討論的所有學習技能，沒有任何一種是恆久不變的。你可以重新加以塑造，而且一定要這麼做。

除了埋首苦讀，也要抬頭看看

大家都知道，要確保考試不會一開始就砸鍋的關鍵，是仔細閱讀考題說明，以免你花了一個小時努力作答六道申論題後，拿到慘不忍睹的成績（遑論挫敗感與困窘）……因為考卷上只要求你完成三道題。

但並不是只有考試時才需要詳讀規定與說明。許多老師對於作業的提交方式、報告或專題研究的準備等等，都有自己的習慣與規定。遵循他們的指示非常重要，否則結果可能會非常慘烈。

我高一時有位老師當掉了一位女同學，只因為她交的報告是手寫的；儘管那時候多數人沒有個人電腦，會打字者也寥寥可數。當時我百思不解的是，那位同學的報告真的寫得很好……可是對老師來說卻不符規定。

不管你喜不喜歡，求學時期常常就是得忍受老師的各種奇怪規定。對此，我的最佳建議就是馬克・吐溫曾說過的一句話：「別讓學校擋住你的教育之路。」

除了授課的方式不同，老師對學生的期待、標準以及彈性等等，也不盡相同。蒐集每位老師的「個人資料」，絕對是件值得的事情，包括他們對於學生的筆記、課堂參與程度、報告與研究方法，有什麼樣的要求？他們的好惡各是什麼？他們打分數的標準與考試的方法又是如何？

知道這些將有助於你適應每堂課的授課方式。假設你不小心忘了準備隔天的英文課與歷史課的指定閱讀範圍，而現在時間已經是晚上十一點了，怎麼辦？

你知道英文老師很在乎學生的課堂參與，考試成績反而沒那麼重要。另外，神奇的是她總是可以知道誰沒有準備，專挑那些沒有準備的學生回答問題。相較之下，歷史老師並不鼓勵學生討論，他比較喜歡自顧自的講課，然後在下課前回答幾個問題。

兩相比較之下，你應該很清楚如果自己只能清醒地準備**一科**，你要怎麼選擇。我想許多學生在安排做功課、準備報告或考試時，從未想過各科老師性格上的差異。

同樣的，我想更不會有學生願意費心與老師建立關係（師徒關係），這麼做其實有助於避開學習道路上的一些坑洞，少掉許多麻煩。話說回來，為什麼要大費周章地給自己找位師父呢？因為你很可能會遇到許多問題是朋友和父母無法提供協助的，不僅在學校裡，生活上也一樣。而這個師父可以給你不同的觀點、建議與指引。

讓自己充滿鬥志吧！

學習動機可以發自內心，也可以源於外在。差別在哪兒？假設你去上了聲樂課程，雖然它是必修課，但你是出於熱愛唱歌才選的。另外你也選了生物課，可是你一想到解剖青蛙就討厭，你完全不在乎青蛙有沒有外骨骼、內骨骼，或者一根骨頭都沒有，你之所以選這門課只是因為學校規定。

以第一個例子來說，你的動機來自內在，因為你喜歡這門課，所以你選了它。第二個情況就是外在的動機，你對生物毫無興趣，但是你必須上這堂課才可以畢業。

抵達目標的過程中，外部動機可以幫助你熬過期間的無聊或不愉快的苦差事。看著目標就在眼前，是個強而有力的動力來源。我認識一個學生，她的夢想是當一名電影化妝師，每當她需要些許動力好熬過她毫無興趣的課時，她就會以夢想來惕勵自己。想想自己五年或十年後的生活；如果你無法想像，難怪你無法激勵自己。

偶像也可能成為有效的動力來源。我女兒琳賽在一年級時迷上短跑好手威瑪・魯道夫（Wilma Rudolph）。非裔的威瑪出生於二次大戰前還有著種族隔離的美國南方，家境貧窮，四歲時罹患小兒麻痺，連續五年必須穿戴笨重的腿部支架行動，大家都認為她再也無法正常走路。後來她憑藉著勇氣與決心，竟然成為世界上跑得最快的女人，贏得四面奧運獎牌，包括三面金牌，實在令人稱奇。我女兒也被她的故事深深感動。

現在我女兒已經二十六歲了，每當她面對難題或小難關時，依然常常會提醒自己，「如果威瑪做得到，我也可以。」想想令你欽佩的偶像。如果沒有，就去找一個吧！

建構一座目標金字塔

建構目標金字塔的目的，是將各種目標以及目標與目標之間的關係加以視覺化。方法如下：

- 在一張紙上寫下，透過教育的過程，你最終希望達成什麼目標。三年、五年或十年之後，你想做什麼？這就是你的長期目標，也是金字塔的塔頂。
- 在長期目標之下，寫下中期的目標、希望做到的事，以及達到這些目標的必要步驟。
- 在中期目標下，列出短期目標，越多越好，也就是那些在相對較短的時間內可以完成的步驟。

隨著學習的進程，不斷更新你的目標金字塔。最後你很可能會改變原先設定的職業生涯。或者若你選擇另一條通往長期目標的路徑，中期目標也會跟著改變。無庸置疑，短期目標必定會有所變動，有時候每天都會改變。

在建立目標金字塔的過程中，你可以看到每天或每週的小小進展，**如何**引領你邁向中期及長期的目標。如此一來，你會有更大的動力，投入更多的精力與熱情去完成這些進展。

如何把設定目標當成生活的一部分？以下提供幾個我覺得有用的建議：

- 目標設定要實際。不要好高騖遠或妄自菲薄，也不要在意過程中時時得做出修正。
- 要抱持實際的期望。對於自己毫無興趣的學科，增進理解會比想要求得精通更為實際可行。
- 不要輕易放棄。你也許會因為事情比你想像的困難一些，就隨時想要放棄。切記，不要設定過高的目標，讓自己因為達不到而覺得難過；也不要設定過低的目標，那樣永遠無法發揮你的潛力。找出適合自己的路。
- 專注於最有機會進步的領域。預料之外的成功對自信心有神奇的效果，可以激勵你達成比預期更好的成果，任何領域都一樣。

✔隨時注意目標的達成狀況，不斷調整目標。每日、每週、每月、每年的目標都是如此。問問自己，做得好不好？接下來打算怎麼做？

✔把目標金字塔貼在牆上，或設定為電腦或手機桌面。每天看著它、感受它、實踐它。

把獎勵當成人造的動力。這麼做取決於你需要多少助力，才能產生學習的動機。儘管發自內心感到有興趣的事情，幾乎不太需要外在的動機，但大多數的學校課業，都可以因為對於獎勵的期待，而變得讓人愉快。如果你的課業特別繁重或困難，增加獎勵的頻率，學習的精力和毅力才不會熄滅。

獎勵的大小應該與課業的困難度成正比。一個小時的閱讀後，給自己十五分鐘的點心時間。擬完一篇複雜的報告大綱後，犒賞自己一場電影。

讓自己超有組織力的方法

當你把目標設定以及組織行動變成日常生活的一部分時，以下四個概念可以為你帶來不同的展現：

一、小小的改變累積起來就有大大的成果

一個簡單而微小的行為改變，可能看不出什麼影響，然而若有成千上百個小改變，結果可能會驚天動地！

讓這條準則內化成你的想法以及行為的一部分。它可以讓你瞭解到成功與失敗、滿足與挫折、開心與沮喪，往往只有一線之隔。你的每一個改變也許看起來無關緊要，但累積小小的改變，卻可以帶來大大的成功。

二、八十／二十法則

維克多．帕雷多（Victor Pareto）是一位活躍於十九與二十世紀交替，研究土地所有權的義大利經濟學家與社會學家。帕雷多發現，百分之八十以上的土

地，掌握在不到百分之二十的人手中。當他研究人類擁有的其他東西（包括金錢）時，發現這個法則同樣適用：不論是什麼東西，最後總是百分之二十或更少的人，握有百分之八十或更多。

八十／二十法則最有趣的應用在於學習領域：如果百分之二十的行動產生了百分之八十的結果，那麼百分之八十的行動只產生了百分之二十的結果。

借用帕雷多的八十／二十法則來管理自己的事務，你應該經常自問：「哪些行動屬於那百分之二十？」換言之，哪些努力對於你想要得到的結果並沒有太多的幫助？

三、善用空檔時間

如果你學會發掘機會悄悄為你打開的小窗，你會變得更有生產力。機會不會敲鑼打鼓地出現，若是你沒有警覺，就不會注意到它。塞車、排隊或等待轉接電話的空檔，你都在做些什麼？空檔一出現，你就要立刻認知到這是可以利用的時間，立即加以運用，做些你已經計畫思考過的事情。如果沒有預先規畫，這個空檔很可能就這麼浪費掉了！

這裡提供幾個善用空檔的建議：回覆電子郵件或簡訊、擬定採購清單、更新或重新審視自己的行事曆、清理書桌以及收拾東西、清理電子信箱、校對報告、閱讀雜誌或期刊文章、看報紙、思考（即將要交的作業、正在寫的報告，或快要截稿的研究）、放鬆腦袋。

另外，不論去到哪裡，我都建議你隨身帶著必須（或想要）閱讀的書……利用各種等待或發呆的時間，通常可以讓你讀完一整個章節。

四、把電話藏起來！

如果你是跟著筆記電腦、平板、智慧型手機與網路一起成長的世代，你可能需要一些有效利用這些工具的小建議；我在之後的章節會再做說明。

智慧型手機越來越普遍，以及社群媒體的爆炸性成長，都帶來了負面的影響。不到十年的時間，手機接管了許多人的生活。公車、火車、餐廳、電影院，以及許多曾經平靜的地方，到處都有手機的身影，這對我們其他人而言，是一種相當困擾與令人厭煩的發展。

手機的干擾性雖高，但社群媒體與應用程式的興起，才是真正讓手機成為分散學生注意力的危險工具。想要我女兒這一代不上網去看看他們的朋友正在想什麼、做什麼，或打算做什麼，根本是奢望。顯然我非常欠缺社交能力，所以當不了社群網站的死忠支持者。

根據紐約時報的報導，現在學生每天平均花三個小時盯著手機看（不包括用手機講電話的時間），這實在是很危險的警訊。難道我們找不到更好的方式可以利用一天當中這八分之一的時間嗎？

只為了可能會發生什麼你**必須立刻知道**的事情，就每隔幾分鐘查看一下手機，顯然與有效的時間管理背道而馳。更不用說，時時傳來簡訊、電子郵件或應用程式的通知，讓人根本不可能專心在任何課業上。

當然，請盡量使用現在或不久的將來出現的科技工具，幫助你提升學習效率，得到更好的結果。不過學習的時候，請關掉、放下或藏起你的手機！

你的力氣花得值得嗎？

優秀的學生不但在乎自己的課業，還會為了達到目標付出必要的努力。

完美主義者在意的事情可能太多了。當然，考出完美的一百分，或報告拿到老師稱之為完美的A^+，都是可能的事情。但在現實生活裡，要萬事都完美卻是天方夜譚。

完美主義跟你有什麼關係？沒有關係。但若你發現自己花了兩個小時的時間修潤一份已經是A^+的報告，或者花上半個小時搜尋「完美」兩個字的相關資訊，又或者為了做出絕對完美的筆記，花了整整一個小時重謄長篇筆記，那麼這件事跟你就有關係了。追求完美是個值得推崇的特質，但這個特質也很可能，或者應該說無可避免地，成為一種無法控制的衝動，對你的努力與生活帶來負面的影響。

如果你正在與完美主義這頭怪獸對抗，記得時時提醒自己報酬率遞減定律：最初的努力帶來的收益最大，後續的努力所產生的效益將等比下降。最後你會走到即使花了最大的力氣，也只能得到微不足道的收益。報酬率遞減定律不僅適用於完美主義者，也適用於那些對於採用簡單的大綱製作公式化的報告嗤之以鼻的人。其實你並不需要時時保持創新、才華橫溢或創意十足，也不需要苦於創作一份空前的互動式多媒體讀書報告。若有人覺得一份內容還不錯、得A^-的六頁報告只能稱得上差強人意，那麼主張說一份得到A+的創新報告，相較於耗費的精力與時間來說並不划算，倒也不無道理。

如果你真的寧願多花兩個小時修潤那份已經很棒的報告，或第三次重抄已經相當完美的課堂筆記，而不是去看場電影、讀本喜歡的書，或完成其他的作業，請便。只不過請想想，花這些力氣真的值得嗎？有時候答案是肯定的，但通常並非如此。

創造屬於你自己的學習環境

下列的檢查表，旨在幫助你分析自己的學習環境。學習環境不只是學習場所，也包括學習的時間與方法。一旦你找出對自己最有效的做法，就要避免那些會讓自己表現不佳的狀況。如果下表中有一、兩個問題你還不知道答案，花些時間做實驗，找出答案。

我的理想的學習環境

1. 我吸收資訊的最佳方式：
□口述　□視覺化

2. 在課堂上，我應該：
□專心記筆記　□專心聽課

3. 在課堂上，我最好：
□坐在前排　□坐在後排　□坐在窗邊或門邊

4. 我的最佳念書場所：
□家　□圖書館　□其他地方＿＿＿＿＿＿＿＿

5. 我的最佳念書時間：
□每天晚上；週末鮮少看書　□大多在週末　□一週七天平均分配

6. 我的最佳念書時段：
□早上　□晚上　□下午

7. 我喜歡什麼時候念書？
□晚餐前　□晚餐後

8. 我的最佳念書方法：
□獨自一人　□和朋友一起　□團體

9. 我在什麼狀態下念書最有效率：
□有時間壓力時　□沒有壓力的情況下

10. 我喜歡怎麼念書：
□有音樂陪伴　□在電視機前　□在安靜的房間內

11. 我的念書方法：
□先擬訂好整個念書計畫　□一次只讀一科

12. 我多久需要休息一下：
□每三十分鐘　□每個小時　□每兩個小時　□每____小時

你必須瞭解這張表所顯示的意義，知道自己偏好的學習環境。評估表中每一個項目的目的在於：

一、如果你偏好「聽」甚於「看」，那麼從課堂討論中汲取知識，對你來說不會有太大問題。事實上你會比較喜歡上課與討論，而不是研讀課本。（這表示你可能需要加強自己的閱讀能力，多花點時間看書，減少對課堂學習的依賴。在課本上標示重點或畫線，或在課本空白處做筆記，對你可能有所幫助。）

如果你是個偏重「視覺」的人，可能會覺得閱讀課本比較省力，而你需要的或許是提高上課的注意力。記下老師授課的內容，方便課後複習，對你來說非常重要。另外，你必須迎合視覺的特質，調整製作筆記的方式，好比用圖畫、圖表，或將課堂內容以地圖串連的方式製成筆記。

二、這個問題應該與第一題的答案連結。你的「聽覺性」越強，上課聽講的專注力就要越高；若是「視覺性」越強，筆記的功力就要更好，以利課後複習。

三、這個題目會因為不同的原因而出現不同的答案。坐在教室的後排可能會聽不清楚或看不清楚。或許因為你容易害羞，因此希望坐在前排鼓勵自己參與課堂討論、發問或回答問題。也許你覺得靠窗的座位可以降低你的幽閉恐懼程度。又或者你一坐到窗邊就會白日夢不斷，所以應該盡可能往教室裡坐。

四、能讓你發揮最高學習效果的地方（必須考慮你目前的居住環境與時間限制），應該就要是你最常念書的場所。

五、如何安排你的時間，以便最有效地完成所有指定的作業，部分取決於作業的分量以及處於學年的哪個階段。你可以制訂一個適用於大部分時候的時間表，但在考試期間、報告繳交期限前、特別的研究計畫進行期間，就必須採用特定的學習時間表。

六、對某些讀者而言，這一題只適用於週末時間，因為一般來說，學生週間的白天都要上課。若你是大學生，就可以利用這題的答案決定課程的安排。舉例來說，若你的最佳學習時間是早上，就盡可能把課程排在下午。如果你的最佳學習時間是晚上，那麼把課程安排在早上，下午空出來進行其他活動，或者利用下午上課，早上就可以多睡一會兒（前一天看書看晚一點）。

七、有些人只要肚子餓，不論做什麼事都心情欠佳。如果你在空肚子時念書成效很糟，先去吃點東西！

八、我們多數人都傾向一個人讀書。如果和朋友一起看書，往往最後會演變成聊天、發簡訊、看電視……什麼事情都做，就是不念書。但是千萬不要低估與一、兩個朋友，甚或學習小組一起學習，對課業成績的正面效果。

九、僅因為你在壓力的情況下表現最佳，不必然代表你就應該總是把報告及備考計畫留到最後一刻。這只是表示你在老師突然指定研究作業或宣布抽考時，不會太過驚慌失措。如果你在壓力下讀書的效果並不理想，也不代表你不會偶爾碰到這種情況。對課業與念書時間的掌握度越高，當意外降臨時你比較不會慌了手腳。

十、有些人和我一樣，若沒有音樂或一些背景聲音，很難集中注意力。也有許多人若是坐在電視前或手邊擺著電話，根本讀不下半個字。更多人是介於兩者之間：你可以在音樂聲中閱讀、甚或做筆記，但若是備考或想要搞懂什麼難解的概念時，就需要絕對安靜的環境。如果你不曉得自己在什麼樣的環境下有最好的學習效率，現在就去弄清楚。

十一、勾選第二個選項的人，不代表你在輪流應付每一個學科之前，無法好好安排整個讀書計畫。我建議每個人都要訂定整體的學習計畫。不過很可能你在尚未完成某一科的研究作業前，真的無法準備另一科。不少人則是在某一科碰到瓶頸時，就換讀另一科，最後再回頭處理之前沒解決的那一科。

十二、休息一下，保持頭腦清醒，讓學習品質最佳化。但這並不是要你每五分鐘就休息一次，每次休息的時間還比念書時間長！一般而言，要練習強化注意力，至少必須念了一個小後的書後再起身。太多的研究課業都需要至少一個小時才能進入狀況，或得出較有組織性的理解，若休息次數過於頻繁，等你回頭繼續用功時，可能需要更長的複習時間。

學習小組：朋友是幹嘛用的？

想要組一個自己的學習小組，必須先找到一小群志同道合的朋友，交換筆記、彼此提問、一起備考。若想讓這個學習小組更有成效，你所挑選的所有人，或至少多數的成員，最好都是同班同學。

找比你聰明的同學，但不要聰明太多。如果他們的程度高出很多，你很快會被眾人漠視，讓自己陷入沮喪。相反的，如果你選擇程度差太多的同學，你或許很享受當一群人當中最聰明的那個，卻失去了組織學習小組的意義：利用智力的激盪與挑戰，激勵自己向上。

學習小組的運作方式各有不同。可由每位成員負責一門學科，內容包括準備每堂課與各次討論的筆記。如果老師提出非強制性的課外閱讀，負責的同學就必須完成這份課外作業，準備詳細的摘要。

或者每位成員都製作自己的筆記，學習小組則扮演特設的討論小組，強化重點瞭解、共同解決學習問題，以及一起備考等等。

即使你只找到一、兩位願意和你一起念書的同學，群策群力也能提供莫大的幫助，特別是在準備重要考試的時候。如何組織自己的學習小組：

- 如果可能，建議你邀請至少四位同學組成學習小組，但不要超過六位，因為你必須確保每位同學都能夠如期望的有參與的機會，同時又可以集思廣益，將團體的知識與智慧最大化。
- 成員不一定要是死黨，但彼此也不應該過度對立。找那些與你經驗迥異的同學，但大家的貢獻度要相等。
- 選擇一些至少和你一樣聰明、認真的同學，他們可以鼓勵你跟上進度，並給你一些挑戰。避免那種讓你有如鶴立雞群的學習小組。
- 避免邀集本質上不平等的同學進入學習小組，譬如男女朋友，因為他們之間的情意可能會妨礙彼此的學習、替對方做功課；又譬如像低年級或高年級之間會有互相壓制的情況。

▼你要組的是學習小組，不是社交團體。如果是後者，就不要假借學習之名；如果是前者，就不要只是一群人每週花一個小時，隨意坐著討論你們最愛的網路名人。

▼我個人偏好學習小組的每個成員各負責一個科目。每個人都必須真的掌握被指派的科目、完成老師建議的課外閱讀、製作筆記、概述課程綱要、隨時回答問題，並依照規定準備各種考試練習。

▼當然，小組的其他成員也要上課、做筆記、完成老師指定的閱讀內容與作業，但負責這個科目的同學必須努力在學習小組中成為「代課老師」。

▼排定小組的討論時間與各成員負責的科目，並嚴肅以對。也可考慮設定小組作業規則，排除態度隨便的同學。你不會想要一個吝於付出，卻占盡其他人辛苦努力成果的組員。

▼考慮指派一位小組組長，確保每個成員都依照規定行事，並解決成員間的齟齬，避免演變成大紛爭。

▼不論你計畫如何組織學習小組，要盡早決定對成員的要求與指派的工作。再次強調，絕對不要讓誰有被占便宜的感覺。

你應該在哪裡念書？

圖書館。圖書館裡可以有許多選擇，從大閱覽室、稍微安靜且有時候無人光顧的專科研究室，到閱覽的小隔間。我大學時期最喜歡的念書地方，是一間似乎只有我們小組四、五個成員知道的小房間，裡面有舒適的椅子、柔和的光線、連接著罩耳式耳機的留聲機，以及五百張左右的古典音樂唱片。對於喜歡一邊聽音樂一邊念書的我來說，那簡直是為我量身打造的環境！

家裡。家是最容易成為學習中心的地方，卻不一定是最有效率的學習場所，因為家也是最容易讓人分心的地方。若是在圖書館的隔間裡，別人就沒那麼容易打擾你了。

朋友、**鄰居或親戚的家裡**。對大多數的讀者而言，這個選擇可能並不在選項中。儘管如此，你還是應該設定一、兩個後備的讀書地點。

空教室。對許多大學生或某些私立中學的學生而言，這是個值得考慮的地方。空教室之所以是個有趣的選擇，主要是因為極少學生會想得到！若是公立中學，這麼做的可能性不高，但可以試著問問校方是否能夠協助安排，若有校方的許可會更方便。

上班的場所。或許你是半工半讀的學生，或者是只選修少數幾門課的上班族，所以你可以利用辦公室做些安排，即使在正常的上班時間也可以試著這麼做，或是在同事都下了班以後（端賴老闆對你的信任程度）。如果你是中學生，而父母、朋友或親戚在學校附近上班，或許也可以在他們的工作場所念書。

不論你選擇哪裡作為念書場所，試著讓這個地方純粹只供讀書之用。換言之，排除床上、電視機前、餐桌上，或其他不適合學習的空間。如果你只把念書的地方與課業連在一起，不在那裡睡覺、休閒、吃東西，那麼學習時間會更有效率。

另外，我建議你準備一個備用的念書場所，以因應你的室友突然把約會對象帶回來，或你的主要念書地點出問題的時候。

你應該在什麼時候念書？

安排固定念書的時間。有些專家認為，每天在同一個時間做同一件事情，是組織工作最有效的方法。然而，有些學生覺得想念就念會比較輕鬆。不論你的偏好是什麼，最好的學習時間主要由下列這些因素決定：

在狀況最佳的時候念書。你表現最佳的時段是什麼時候？一天當中什麼時候，你做事的效率最高？這個答案因人而異，也許中午之前的時間對你完全不具任何意義，你的念書功力是越夜越高明；又或者你在破曉時分就能聞雞起舞，但體內的午夜之油卻越燒越不濟。請記住，專心等於效率。

把自己的睡眠習慣考慮進去。習慣是一種非常強大的力量。如果你的鬧鐘一直都設定在早上七點，你很快就會習慣在鬧鈴響前甦醒。如果你已經習慣晚上十一點就寢，那麼熬夜讀書至凌晨兩點就會讓你很痛苦，而且你在熬夜的那三個小時期間，可能根本做不了什麼事情。

把握用功的時間。儘管你應該在腦子最清醒的時候看書，但外在因素會左右你的念書時間。盡力而為，在環境許可下，盡可能找時間念書。

分配念書時間時，考慮課業的複雜度。課業本身對於時間的運用影響甚鉅。你若是個看書速度相對慢的人，不要設定半小時要讀完一百頁托爾斯泰的作品這種不切實際的時間表。

利用「非主要」時段解決簡單的課業。當你的創意、精力與動力都處在最低點時，不要想解決最具挑戰性的功課。不要像我認識的許多生意人那樣，反向擬訂時間表：在早上最有活力的時候看報紙、回信、瀏覽商業雜誌；在一天接近尾聲，連眼前的東西都看不太清楚時，卻開始準備董事會報告，而且還是隔天即將召開的董事會。

課後立即安排複習時間，如果做不到這一點，至少要在下一堂課開始前複習。這一點對大學生和研究生尤其重要。剛下課時對上課內容的記憶最強，因此利用課後一小時重新看一遍筆記和報告的內容、完成指定作業，效果最佳。上課前做複習是第二選擇，特別是若你通常利用這段時間完成作業。

檢視你的學習區

不論你選擇的學習基地在哪裡，學習區的布置將會影響你專注的能力，一個不小心，還會妨礙你的學習時間。現在，坐到書桌前或學習區內，開始評估你的學習環境：

你是否有專門用來念書的地方？抑或總是隨便找個地方念書？

這個地點令你滿意嗎？或者你其實很不喜歡？光線如何？太暗或太亮？你需要的資料是否都在手邊？

在這個學習區內，你還會做些什麼事？吃東西？睡覺？看閒書？如果你的讀書地點也是午睡的地方，你可能常常會在該念書的時候睡覺！

你的學習區是否有其他人頻繁走動？干擾程度有多嚴重？你可以關上房門隔離這些干擾及噪音嗎？

你什麼時候最常待在學習區？你通常在什麼時間念書？是狀況最佳的時候，還是又累又沒力卻不得不念書的時候？

學習區的檔案、文件及其他課堂用品都收拾整齊嗎？對於文具用品的擺放位置，你是否有一套有效的管理系統？

如果你發現自己正心不在焉、胡思亂想，無法專注於記憶和複習課業內容，試試下列的方法：

創造一個舒適的讀書環境。書桌椅的大小和設計、光線的配置，都是影響心神穩定的因素。花點時間把自己的學習區弄好一點。當然，所有會讓你分心的東西，包括女朋友的照片、音響、電視、手機等等，都不應該出現在這裡。記住：

隔離讓自己分心的東西，譬如手機，遠比刻意不去查看手機或回應來電，要來得簡單且有效。

調高燈光亮度。嘗試不同燈光位置與亮度，直到你認為不論是舒適度或對於保持清醒與專注度，都最符合自己的需求。

訂定規定。讓家人、親戚，特別是朋友，都瞭解學習對你的重要性，讓他們在這段時間不要打擾你。

需要時就休息。不要強迫自己一定得看多久的書才能休息。需要時就休息。

選擇一個學習標誌。挑選一個可以和念書串連在一塊兒的東西放在書桌上，譬如一頂帽子、一條圍巾，甚至一個小娃娃。每次該念書時，就戴上帽子、圍上圍巾，或把娃娃擺在書桌上顯眼的位置。念書時間到了！這樣東西不但可以讓你進入念書的情緒，還可以提醒家人或親友，你正在努力用功。但是不要把你的讀書帽戴去打棒球，也不要在跟朋友講電話時，把娃娃放在桌上。當你把學習標誌與其他非學習事物連在一起時，這個標誌就失去了它身為學習助手的功效。

迎戰疲憊與無聊

心理學家佛洛姆說過：「人類是唯一會感到無聊的動物。」你已經選擇與設計好最佳的念書場所，為什麼還是會睡著呢？當你的精力與決心棄你而去時，你可以這麼做：

- 小睡片刻。就是這樣，當你累得無法念書時，小睡片刻，恢復精神。要把小睡的功效發揮到極致，時間要短，二十分鐘最理想，最多不超過四十分鐘。一旦超過四十分鐘，你就會進入另一個睡眠階段，醒來後可能比睡前還累。
- 喝點飲料。一點點咖啡因不會對身體造成傷害，一杯咖啡、茶或汽水都可以。不過要留意，當你疲憊到某個程度時，咖啡因的提神特質似乎會消散，讓你比之前更累！
- 調低室溫。太暖和的房間會讓你忍不住沉入夢鄉……而還沒寫完的報告依然攤在書桌上。
- 做些運動。出去散個步、抬高腳步繞著廚房走幾圈，或做幾個跳躍運動。即便是溫和的身體伸展，都會讓疲憊感得到立即的舒緩。
- 改變學習時間。假設你還有其他的選擇，設法安排正常情況下較清醒以及做事較有效率的時間來念書。

和孩子一起念書

有些讀者是一邊上班養家、一邊求學，所以我想提供你們一些應付小小軍團的策略：

計畫一些活動，讓小傢伙忙得沒空吵你。通常你在學校及職場越忙，在家時孩子就越想黏著你。如果可以安排一些親子相處的時間，要孩子在其他時間自己玩耍會比較容易些。特別是，設計一些當你在寫功課時，孩子可以忙著搗亂的事情，效果更佳。

把孩子當成學習計畫的一環。孩子超愛例行性的活動，何不把他們納入你的固定行程呢？如果下午四點到六點訂為「媽咪學習時間」，那麼他們很快會習慣這樣的作息，尤其是如果你將其他時間優先花在他們的身上，並且在你念書的時候，想一些好玩的事情讓他們去做，孩子會更樂於配合。向孩子解釋你現在做的事情有多重要，告訴他們結果對他們也有好處，這樣他們會更願意成為你的「學習小組」一員。

利用電視褓母。雖然許多讀者可能會覺得這種方法有問題（我和我女兒每天都為了這個問題爭吵），但相較之下，這個方法可能屬於兩害相權取其輕的輕。當然，為了避免色情與暴力的節目內容，你也可以播放（或從網路下載）一些具水準的節目給孩子看。

依照現實狀況擬訂念書計畫。所有的建議都不可能完全阻擋得了孩子不時的干擾。就算你能把這種干擾降至最低，也無法完全免除。所以在制訂時間表時，就要把孩子的干擾設想進去。至少這表示你可以理所當然地安排更多的休息時間，陪孩子玩個五分鐘再繼續打拚。孩子若定時得到你的關心，會更樂意給你所需要的時間。

求助。請另一半偶爾帶孩子出去吃個晚餐或看場電影。（相信我，如果你開始執行這件事，孩子一定會鼓勵你多多用功。）也可以請親友幫你看孩子。或者邀請孩子的玩伴到家裡來；這樣你可以在隔天把孩子送到他們家去玩。還可以和學校裡的其他父母輪流看顧孩子。除此之外，可以找專業的褓母幫你照顧孩子幾個小時。

喜好與選擇

每一個科目都表現很好的人少之又少。多數人都會有比較擅長的領域。有些人對某個學科的**喜愛**甚於其他學科，而這種偏好會改變一個人的學習態度。

舉例來說，對你而言數字能力、空間概念也許輕而易舉，但音樂或語言則形同陌路。又或許你可能覺得學習語言完全不費吹灰之力，卻總是搞不清楚什麼是畢氏定理，也無法理解自己幹嘛要知道這些東西。有些學生的手很巧，有些人可能連製作最簡單的東西都覺得是一種折磨，而製作出來的成品也慘不忍睹。

我對這種情況的建議是：從那些容易達成目標的科目中，挪出一些時間來加強你覺得較難的科目。這樣的調整一定可以讓你看到努力後更均衡的發展，絕對值回票價。

如果你從未真正思考過自己喜歡與討厭的科目，利用本章最後附上的表格找出來。它可以幫你找出自己拿手與不擅長的科目。（你的成績單可以作為呈堂證物！）利用表格得出的結果安排讀書時間，善用天賦的同時，你會知道要怎麼安排時間應付需要最多努力的學科。

大學生可以根據自己的時間表、喜好、目標及種種因素選擇課程。但這樣的自由必須與本書告訴你的學習常識取得平衡。以下幾點是選擇課程時的提醒：

- 決定要選擇某個課程時，盡可能考慮授課教授的名聲（特別是當你有兩個或多個相同的課程可以選擇時）。哪位教授的課讓人獲益良多？哪位教授的課是失眠特效藥？這類的小道消息通常傳得很快。
- 盡量平均安排每一天的課程。（但千萬不要為了做好時間安排而改變主修或你感興趣的科目！）試著在課與課之間留下半小時或一個小時的空檔，進行複習、做筆記、到圖書館或上網查詢資料，以及完成其他事情。
- 如果你想修的課程無法在一個學期內都排進去，不妨考慮去聽聽第一堂課，因為通常第一堂課都是整學期課程的概要解說。屆時你可以拿到課程大綱，感受一下教授的教學風格。
- 交錯安排具有挑戰性的課程與較輕鬆的課程。學習是一種正面強化的過程。你時時需要一些鼓勵。

▼避免很晚或很早的課，尤其是當這樣的安排會讓你產生許多空堂的時候。

▼設定自己的學習速度並照著做。為自己安排一個學習食療法，原則就是：不要過量。

在求學的路上，一眼望去到處都是挫敗的身影。他們的失敗不是因為沒有天賦或缺乏動機，通常是因為他們屈服在超載的資訊與壓力之下。

你絕對可以在不累死自己的情況下達陣！

學科領域評估

列出你最喜歡的學科／課程：

列出你最不喜歡的學科／課程：

列出你成績最好的科目：

列出你成績最糟的科目：

CHAPTER 3

有意義的閱讀

有些書是用來品嘗，有些書適合囫圇吞棗，只有極少數的書應加以咀嚼與消化。

——法蘭西斯・培根Francis Bacon

我愛看書。然而，在中學或大學階段，面對老師指定的那些乏味的教科書，愛看書這個特性並沒有讓我的日子比較輕鬆。身為學生，無可避免得要花上無數的時間，熟讀那些又臭又長又難懂的各科內容，有必要，卻一點都不有趣。

你可能喜歡看小說或讀詩詞，但一碰到課本內容，就像面對無字天書。你可能才剛看完一大段文章，回過頭就立刻忘記。又或者你就是討厭好好坐著看書。不論你是哪一種學生，也不論你的閱讀能力如何，本章將幫助你戰勝閱讀的挑戰。

屆時你會知道什麼該念、什麼不該念。你會懂得如何讓閱讀更有效率、如何找出主要的概念與重要的細節，以及如何記住更多內容。

此外，現在有了電子書，讀者不但可以在電子書上寫筆記、畫線、標重點，還可以運用各種加值功能。如果你對電子書的偏好已經勝過紙書，就算你的平板裡只儲存了愛情小說、科幻小說以及圖像小說，但要你利用平板閱讀較為嚴肅的文學作品，應該也不會有問題。

許多（非全部）教科書、雜誌、期刊與報紙，現在都有電子版可供選擇，也許你覺得這些電子讀物太麻煩，或使用起來不是那麼便利。只要你遵循本章的建議，不論使用的是哪種版本，都可以上手。

釐清閱讀的目的

你看書的目的是什麼？如果只是為了讀完後可以大喊：「耶，我看完老師指定的內容了。」這樣實在沒什麼意義。果真如此，還不如把書塞在腦袋下當枕頭，期待睡夢中書本的內容可以自動跑進你的腦子裡。

一般而言，閱讀有六種基本目的，在你真正開始閱讀前，可以先確認所要達成的目的是什麼：

一、理解特定的訊息
二、找到重要的細節
三、回答特定的問題
四、評估內容
五、為了運用所讀到的內容
六、娛樂休閒

依照所要達成的目標，以及不同的文字內容，可以將閱讀分成三種不同的方式。知道在什麼時候該採取什麼樣的方式，可以讓你比較輕鬆地完成閱讀作業：

快速參考性閱讀，目的是為了尋找特定資訊，以便處理特定的問題或議題。

評論式閱讀，目的是為了釐清需要經過周延分析的某個想法或概念。

美學式閱讀，目的是為了單純的娛樂，或純粹欣賞作者的寫作風格與能力。

善用書中的線索

幾乎所有的教科書與實用性讀物（除了小說之外的所有書）的內容，都包含許多有助讀書理解的有用資訊。你對這些資訊越熟悉，閱讀收穫就越大，通常還會讓你的閱讀過程更容易。以下是一些基本資訊：

目錄：通常緊接在書名頁後，條列書中每一個章節，有些還會列出各章重點或小標，詳細得不得了。

前言：第一篇白話文章，通常是整本書的內容說明。作者也可能會在這裡提出這本書的獨特之處。

導論：可能以前言代之，也可能另成一章。撰寫者也許是作者本人，或另外請某位「名人」操刀，以增加作品的可信度。大多數的導論都有更詳盡的內容概述，通常也有各章摘要供讀者略讀。

註釋：註釋通常置於頁面的最下方或左右兩邊，不然就是放在整章或全書正文結束之後。註釋說明了標號的文句或想法的出處、提出更深入的解釋，或提供文本以外的其他資訊。你可以養成閱讀註釋的習慣，注意資料的出處，進行延伸閱讀。

專有名詞表：如果書中使用了許多一般讀者不熟悉的詞彙，體貼的作者會提供一份詞彙表；就像是一個精簡的詞典。

參考書目：通常置於書末，包括作者撰寫時所使用的研究參考資料，或推薦閱讀的書單。參考書目一般都依照主題以字母、注音符號或部首次序排列，方便讀者針對特定的標題搜尋更多的資訊。

附錄：包括補充資料或者與書中主題相關的範例。

索引：一份以字母、注音符號或部首先後次序排列的參考表，標注書中某個名字、主題或論題每次出現的頁碼。

大多數的教科書都具備這些閱讀工具，多加利用會讓閱讀更容易。

先找出重點，再開始讀

儘管許多教科書的作者或編纂者都是某個學科的專家，甚至是該領域的佼佼者，但要能不使用術語，以讀者容易理解的方式撰寫專業內容，可能不是他們擅長的事。偶爾你會讀到一本實在難以下嚥的指定參考書，讓人根本不知道從何下手才好。

如果你完全無法理解某個特定的章節，甚或整本書，建議你可以去找另一本主題與範圍相同，但你看得懂的書來研讀。你甚至可以請老師推薦，這樣會更容易找到適合的書。不過千萬別問老師為什麼要選擇那本你看不懂的書作為指定參考。

你之所以看不懂課本的內容，常常是因為作者不知道如何解釋。也許根本不是你的錯！太多學生誤以為是自己太笨才會看不懂書本的內容，為此苦惱不堪、哀號不已、逃課，甚至轉而選擇其他主修科目，但有時候真正出問題的，其實是那該死的課本。

我知道要重新評估其他書籍會花上不少時間，可是掙扎著要看懂那些冗長又沉悶的課本內容，可能會耗上你更多的時間。如果另一本書可以幫助你理解這個學科，那麼原來看不懂的東西，或許也會比較容易理解……前提是如果你仍然需要知道原來那本書到底在說些什麼。

在開始閱讀前，先快速瀏覽一遍指定的閱讀內容，注意有什麼問題是老師可能會提出來的。下列這些要訣很重要：

每一章的章名、大小標題，都在告訴你接下來要說的內容。在某些教科書裡，標題或段落開始的粗體字，代表作者打算對此做進一步的闡釋。所以閱讀指定範圍時，第一步就是從頭到尾瀏覽一遍各個章節，但只先看標題。

看看每一章最後的重點摘要。先知道作者想要說的重點是什麼，有助於理解作者如何開展他的論述。

大多數的教科書，特別是科學類的，通常會包括圖表、圖形、數值表、地圖，以及其他的插圖或插畫。你必須**瞭解這些圖表如何輔助文字說明，以及這些圖表所要強調的重點是什麼**，然後把這些理解的寫下來。

在某些教科書中，關鍵詞與重點都已經做了顯著的標示，這時候你的主要目的就是**搞清楚這些關鍵內容的意義**。

有些教科書在本文或章節的最後，會以問題的方式強調重點。如果在**仔細閱讀前先看過這些問題**，那麼當你真正進入內容時，就比較容易掌握必須特別留意之處。

略讀與瀏覽

對於指定的閱讀作業，最好的開始方式就是先略讀一遍整個內容，針對所涵蓋的資訊先有個初步概念，找出一些先前提到的「線索」。接著再逐句閱讀，畫重點，在筆記本、電腦或書本上做筆記。

我認識的很多人都分不清楚「略讀」（skim）與「瀏覽」（scan）的差別，在此先做釐清。略讀是快速且表面式地讀過。瀏覽是快速地找到特定的資訊。因此，略讀一段文章是指從頭看到尾，但只看「重點」；而瀏覽一段內容是指找到你想找的部分，再加以詳讀。瀏覽是最快速的閱讀方式，儘管你整個看過去，但在找到特定的目標前，無需理解或記住不重要的內容。

學校指定的許多閱讀作業，大都可以藉由略讀或瀏覽的方式完成。在細讀之前，先想想老師可能提問的問題，然後針對你想要回答的問題，重點式地閱讀。

假設你正在看自然課本，想要找出細胞核的功用。你先找到描述細胞的章節，然後瀏覽有關細胞作用的敘述。你知道自己在找什麼，而且答案就在這些章節中。找到後，就可以開始詳讀內容。

即使你並未尋找特定的答案，瀏覽或略讀也是非常有益的步驟。為了對內容有大致的概念而讀，簡單操作流程如下：

- 把標題或重點提示轉換成問題。
- 檢視所有的小標、插圖與圖表，它們可以幫你找出重點。
- 閱讀前言、章末摘要，以及章節最後的問題提示。
- 每一段的第一句通常包含這一整段的重點。
- 評估你在這段過程中得到了什麼：你能夠回答章末的問題嗎？你可以針對讀過的內容，參與課堂討論嗎？

- 寫下你略讀全文後的心得摘要。
- 根據自我的評估，決定是否需要進一步閱讀。

倘若逐字逐句地讀，可能會浪費許多時間。好的閱讀者都懂得利用上述方法，分辨哪些部分應該詳讀，哪些地方只需瀏覽就可以達到目的。

若只是要簡單地蒐集細節與答案，略讀與瀏覽是可以節省許多閱讀時間的捷徑。即使需要較深入的閱讀，藉由瀏覽的過程，也可以建立架構，讓接下來的閱讀過程更快、更省力、更有意義。

字詞可能也是線索

除了大小標題、每段的起始句或作者提供的其他提示，可以幫你快速閱讀與掌握內容外，內容的某些字詞也可以作為重點瞄準。知道何時要加快或放慢閱讀速度、何時要停下來，或者何時得專注地看，可以讓你讀得更快、更有效率。

當你看到「同樣的」、「另外」、「除此之外」等類似詞彙，你就知道接下來提到的內容可能並無新意。所以如果你已經知道前面在說什麼了，就可以加快閱讀速度，或省略接下來的部分。

若你看到「反之」、「儘管如此」、「然而」、「由此」、「但是」這類用詞，請放慢閱讀速度，因為接下來的資訊會提供新的觀點，或者與之前你讀進腦子裡的內容有所矛盾。

最後，特別要注意「總而言之」、「因此」、「所以」、「故而」、「概括來說」這類宣告結論的詞彙，特別是當你的時間只夠抓重點，或為了考試而複習的時候。接在這些詞彙之後的內容，都是作者整理歸納的重點。這份意外的禮物可以幫你省下從頭看到尾的工夫。

回歸細節

如果你必須完整地閱讀，那就從頭開始。一次讀一章、一節或一段。邊讀邊自問，你讀的內容是否可呼應下列五個問題，以確保你真的知道自己在讀些什麼：

一、**誰**？這段內容的重點是不是一個人或一群特定的人。主題句會告訴你這個人是誰。

二、**什麼時候**？這段內容是不是跟時間有關。主題句可能會出現「當……的時候」。

三、**什麼地方**？這段內容是不是繞著特定的地方或地點。主題句會告訴你是在哪裡。

四、**為什麼**？這段內容是不是針對某種信念或事件的起因加以說明。主題句會回答為什麼的問題。

五、**如何**？這段內容是不是說明了某件事之所以行得通的方式，或某件事之所以完成的手段。主題句會解釋做法。

在完成下列練習前，不要繼續往下讀：

寫下所有你覺得要瞭解這個主題所必須知道的關鍵詞彙的意義。

寫下你覺得可以弄清楚這個主題的問題與答案。

寫下所有你不知道答案的問題，務必透過反覆閱讀、研究、詢問同學或老師，找出答案。

最後，即使有問題尚未解答，請繼續下一段的閱讀，但同樣要完成前面三項練習（循此方式，直到讀完全部的指定範圍）。

技術性內容的挑戰

你已經學到許多增進閱讀能力的方法，該是時候檢視諸如物理、三角函數、化學、微積分這類具高度技術性的內容所帶來的挑戰；也就是四分之三的學生都避之猶恐不及的科目。這些科目對於邏輯性、組織性與循序漸進地閱讀的要求，比其他科目來得高。閱讀這些科目的書，需要先能夠分析及理解內容是如何組織架構的。

培養辨識基本因果關係的能力，依循思考的過程往前推，對於理解與記憶所學的內容至關重要。為什麼呢？在大多數的技術性寫作中，每一種概念都像是一塊有助理解的堆疊磚，如果你不瞭解某個特定的部分或概念，就不可能弄懂下一個部分。

大多數的技術性寫作都充滿概念、專有名詞、公式與理論。各章都塞滿了資訊，大量的概念濃縮在短短的幾頁描述中，需要仔細爬梳與理解。

為了從這類指定的閱讀作業中得到最多的知識，你可以運用一些方法，搞懂這些組織化的資訊。以下是五個你必須注意的基本資訊：

一、定義與用詞
二、範例
三、分類與列表
四、對比
五、因果關係

閱讀任何專業的內容，都必須從頭開始——瞭解這個領域的專門術語。一般日常用語可能會有不同、甚至相反的意義，端視出現在什麼樣的脈絡下。但在技術性的領域與寫作中，用詞的定義通常非常精準。

舉例來說，彈性（固體經由外力變形後恢復原形的能力）這個詞的定義，在美國或西班牙都相同。因為這種準確的語法，各個學科的科學家才能精準地溝通。而定義有長有短。某些詞也許只需要一行定義，但其他詞可能需要一整段，甚至一整章來準確表達。

注意那些表示特定演算的關鍵詞。當你看到「增加」、「結合」、「合併」、「總和」等詞，需要使用加法；當你看到「減少」、「刪去」、「差額」，則用減法；「乘」、「倍數」等詞，記得用乘法；而「等分」、「比例」、「商數」則是除法。

另外一種溝通的方式是範例。技術性寫作中通常充滿各種新想法或概念，其中多數都不太好消化。這些想法之所以難懂，部分是因為它們都是抽象的概念。因此作者會利用範例搭起一座橋樑，連接抽象的原理與具體的說明。這些範例對於理解錯綜複雜的理論極為重要。

不同於其他寫作，技術性寫作極為簡潔，這樣才能把大量的知識濃縮在相對小的篇幅裡。能夠將作者的經驗以軼聞或聊天的方式納入技術性內容者，少之又少。

技術性寫作經常利用的第三種工具，為分類與列表。分類是將具有共同主題的資訊依照一般標題歸類。而第四種傳遞專業資訊的工具，是比較與對比，也就是提出相似或相反的資料，把複雜的內容加以整合。經由比較，可以將某個概念與之前曾經定義過或讀者可能已經理解的其他概念連結在一起。藉由對比，可以理解兩種概念的差異性與特殊性。

最後一個工具是因果關係，這也是大多數科學研究的根本思考。科學從觀察開始：發生了什麼事？下雪了。下一步是研究，以找出原因：為什麼下雪？解說這樣的因果關係，通常就是科學寫作的本質。

因果關係可以用不同方式撰寫，可以先敘述結果再說明原因。而結果可能是由好幾種相關的原因所造成，也就是因果鏈，而同樣的因也可能出現不同的果。

有計畫地閱讀

閱讀技術性寫作要比閱讀其他作品更需要計畫。你不能抱持看完就好的心態，否則讀完只會感到困惑與挫折，淹沒在理論、概念，以及各種專有名詞與範例的汪洋中。你的閱讀計畫應該包含以下重點：

- 瞭解那些有助於理解內容的關鍵用詞。搞懂作者使用的詞彙的精準定義，可以讓你跟著作者的思路讀下去。
- 辨識寫作的架構。一般的內文架構都有固定的模式。也許會從理論的說明開始，接著提出範例、問題，最後總結。架構模式通常可以從目錄或大小標題看得出來。
- 略讀一整章，對作者的觀點先有粗略的概念。確認閱讀的目的，利用摘要或章末提示的問題。

- ✓如果你尚未清楚理解自己所閱讀的部分，不要繼續下一個階段的內容；概念通常都是一個一個疊起來的。
- ✓完成閱讀之後，立即做複習。將你必須記住的概念與理論概要寫下來。找出所有你在閱讀時產生的問題的答案。找些題目來做，可能的話多運用公式。

技術性的資料裡處處都是概念。閱讀這些內容時，需要很大的專注力，急行軍式的閱讀並不適用。聰明的閱讀者很清楚這類的資訊需要慢慢消化，才能有最大的效果：每個定義都要仔細看懂、每個公式都要理解、每個範例都要思考。

如果你在閱讀這類的資料或想要搞懂技術性問題時，總是覺得困難重重，試試下列的訣竅：

- ✓盡可能把公式和數字「翻譯」成文字。想要測試自己究竟理解多少，試著用不同的文字來表達。
- ✓即使你並非特別倚賴視覺的人，圖畫依然有所助益。試著把惱人的問題變成一張畫或圖形。

- 在你著手解答問題時，先預估一下答案。這是確保你最後落在正確範圍內的一種做法。
- 有許多不同的途徑可以得出相同的答案。如果你只知道一種解答的方法，試著再找找其他的方式。
- 在驗算時，可以從答案倒推回去。這是找出常見數學錯誤的簡單方式。
- 要弄清楚問題在問什麼、必須採用什麼原理、哪些資訊很重要、哪些資訊毫無價值。
- 教導其他人。試著向他人解說數學或科學概念，可以快速弄清楚自己理解與不理解之處。
- 針對那些你必須記住的長串資訊，諸如人體所有骨骼、成堆的化學式、基本的科學定義等等，考慮利用閃卡。儘管這是一種老掉牙的方法，卻能夠高效記住這些資訊。（我會在下一章討論記憶的其他方法。）

美學（休閒）閱讀

知名小說家威廉．史泰隆（William Styron）說過：「一本好書應該為你留下許多不同的經驗，並讓你在結束時有些疲憊。閱讀好書能讓你體驗多種不同的生活。」

大多數的虛構小說都在努力說故事。一開始，作者為讀者介紹故事的角色與背景。接著是矛盾或掙扎的出現，帶來故事的高潮，然後矛盾與掙扎在高潮中化解。最後則是一個大團圓或結局，為故事劃下句點。對於這些過程有不同的文學用詞，但這些名詞不但無益，反而更讓人頭昏。下列是一些比較重要名詞的簡短定義：

情節：故事的順序或連續性，亦即故事如何從開始發展到結局的過程。你對文學作品的理解與欣賞能力，端賴你跟隨情節（也就是故事）往下走的能力。

角色塑造：故事人物的性格，包括男女主角、反派人物以及配角等。你得知道故事的主要角色，瞭解他們之間的矛盾衝突。

主題：主要的訊息或故事主軸，也就是作者利用情節與角色所要傳達的寓意或想法。

背景：故事發生的時間與地點。在閱讀歷史小說或其他文化背景的小說時，時空背景特別重要。

視角：說故事的人是誰？是小說裡的角色在說故事嗎？抑或是由第三人稱的角度來描述？

你的第一步，就是先熟悉這些詞彙的概念，然後試著在每次閱讀小說或短篇故事時，找出上述這些要素，並以審美的角度切入：這個故事給你什麼感覺？你覺得故事裡的角色怎麼樣？你喜歡這些人物嗎？能夠產生共鳴？

第二，確定自己知道故事脈絡，包括情節與角色的發展。一章章看過去的時候，用簡短的一、兩句話寫下情節的發展，以及是否有任何新角色登場。

你的理解有多快？

法國數學家帕斯卡（Blaise Pascal）說過：「看書看得太快或太慢，理解力都是零。」

擔心自己的閱讀速度太慢嗎？其實你可能不需要煩惱這種問題，閱讀速度較慢的人，閱讀能力不見得比較差。關鍵在於你理解與記住了什麼。熟能生巧是放諸四海皆通的道理，練習可以增進你的閱讀速度。

如果你想要分別程度，那麼看完下列這篇約六百多字的短文（摘自Susan Shumsky, *Awaken Your Third Eye*），看看自己花了多少時間，標準評定如下：

三十秒以內	非常快速
三十一至四十五秒	快速
四十六秒至六十秒	優於一般
六十一秒至八十九秒	普通
九十秒至一一九秒	慢
兩分鐘以上	非常慢

在荷馬於西元前八世紀所寫的史詩作品《奧德賽》中，我們發現了有關第三眼的寓言。

特洛伊戰爭後，英雄奧德賽在返回家鄉綺色佳島的途中，誤闖獨眼巨人的老家西西里島。他們在島上遇到一個額頭上長了獨眼的巨人。這個巨人殘酷又野蠻，名叫波里菲瑪斯（Polyphemus，海神波塞頓之子）。巨人將奧德賽和他的伙伴囚禁在洞穴中，準備一個個吃下肚。後來奧德賽施計讓巨人喝醉。當巨人因體力不支而睡著時，奧德賽趁機用火把戳進他的眼睛，弄瞎了他。奧德賽與劫後餘生的同伴逃出西西里。

在印度，脈輪（chakra）這個字的意思就是「車輪」，而第三眼脈輪就長在額頭中央，也是獨眼巨人的眼睛的位置。值得注意的是，在希臘文中，獨眼巨人（Cyclopes）這個字的意思是「輪眼」。

知道這些典故後，我們可以思考波里菲瑪斯這則傳說的可能寓意。有人解釋說，刺穿波里菲瑪斯的眼睛，代表第三眼的淪喪，進而喪失聖智。有人認為，上天藉由打開一個人的第三隻眼而賦予的心靈才智，若遭到濫用，這個人就會變得脆弱，最終走上毀滅。

古希臘人相信松果體（pineal gland）是思考國度的入口。柏拉圖與希波克拉底認為第三隻眼為「智慧之眼」。柏拉圖相信脈輪是一種靈巧的臟器，而靈魂藉由這種臟器與肉體溝通。在他的概念中，骨髓或腦脊椎液都是靈魂的要素，而脈輪則是透過這種靈智的液體，釋放出他稱為「自由液」的靈力。柏拉圖將第三隻眼視為所有脈輪的控制中心。

如何加速閱讀

影響閱讀速度與理解的可能原因如下：大聲閱讀或閱讀時嘴裡唸唸有詞；機械式閱讀，也就是用手指指著字詞，隨著閱讀移動頭部；用了不適當的方式閱讀；沒有足夠的詞彙能力。

以下方式則可以增進閱讀速度：集中注意力，排除外在干擾；在整潔、舒適的環境中閱讀；不要執著於單一詞句，但要清楚知道關鍵字詞的意思，才能掌握完整的概念；領略整體的概念，而非試圖理解每一個細節；如果你發現自己邊讀邊唸出來時，試著咬枝筆或含些無毒、無糖的東西再繼續，如果在閱讀過程中，嘴裡的東西掉了下來，你就知道自己還得再努力；建立自己的詞彙庫，你的閱讀速度之所以緩慢（或難以理解閱讀內容），很可能是因為詞彙能力不夠；多讀書，閱讀是一種熟能生巧的習慣；避免重讀某個字詞或片語，根據一項研究顯示，平均一分鐘看兩百五十個字的學生，每頁大概會出現二十次重讀某個字詞。閱讀速度最慢的人，重複閱讀的次數也最多。

增進理解力

試著讓學習成為一種連貫的行為。理解力的建立，是在既有的知識上增添新的知識；每次讀完設定的進度時，就回頭複習並重新思考閱讀過的內容。給自己做些測驗，看看是否記住了重點；如果讀過的資料無法合理地串連在一起，重讀一遍，試著找出不一樣的結論；把讀過的內容摘記下來，用自己的話重新寫在筆記上。

最重要的是，以你覺得舒服的速度去讀。雖然我可以用極快的速度閱讀，但在看文學作品時，我選擇相對慢上許多的閱讀速度，如此才能欣賞作者的文字魅力。同樣的，特別難掌握重點的內容，我也會減緩閱讀速度。不過類似報紙、雜誌之類的讀物，我會以非常快的速度看過去，因為我的目的在於捕捉重要資訊，而非注意每個細節。

此外，是否要選擇一些可以增進閱讀速度的課程，特別是如果你目前的閱讀速度很慢？增進閱讀速度有一定的好處，許多閱讀速度慢的讀者，都不太喜歡看書，因為他們覺得閱讀是件麻煩又無聊的事情。然而，僅是增加閱讀速度，無法保證你成為好的閱讀者。

儘管我並不認為這類增進閱讀速度的課程會造成什麼傷害，但其實如果你持續不斷地練習閱讀，看書的速度自然就會加快。

記住讀過的大部分內容

我會在下一章提出許多強化記憶力的竅門。在此先提供一些普遍性的建議，應該也有所幫助。當你在閱讀某些之後或許派得上用場的內容時，利用下列的六步驟法，可以確保自己記得讀過的東西：

一、**評估閱讀內容**。定義閱讀的目的。看看你對內容有多大的興趣，大概瞭解一下閱讀資料的難度。

二、**選擇適合此次閱讀目的的閱讀方法**。

三、**找出重要的事實**，記得自己的閱讀目的，根據目的抓重點，找出細節之間的關連，以供日後回想。

四、**做筆記**。用你自己的話要地寫下相同的概念。用草圖、圖表或心智圖的方式，找出關連與規律性。寫下重點可以進一步強化你的記憶。

五、**複習**。針對那些你必須記得的內容，進行自我測試。建立系統化的方法，在考試之前，至少複習三次筆記。第一次複習應該在你剛讀完指定內容後不久，第二次複習在幾天後，最後一次複習則是考試前。這樣的過程可以避免許多臨時抱佛腳的無奈。

六、**執行**。利用各種機會運用剛學到的知識。學習小組與課堂討論都是善用所學的好機會。參與團體討論可以大幅提高記憶力。

標色或畫線

把課本中的關鍵詞句用螢光筆標色或畫線，是一種有效的記憶方式，還可以讓複習過程更省時省力。但要精挑重點；如果你標色的部分都快要是整本書了，那就太多了！

大學時，由於課業越來越重，我發展出一系列的標色方法，讓重點標示可以發揮最大效用：

✓將課文中我覺得沒有百分之百把握的部分標示起來。

✓將點出章節重要概念或主題的單字、單詞或單句標示起來。

✓專注於關鍵詞彙、內容與概念，省略額外的範例及不必要的解釋。

✓在課堂筆記、課本上標色或畫重點，讓複習更簡單。

想要增進畫線與標色的技巧，請仔細閱讀下引三段文字（摘自Marc Benioff and Karen Southwick, *Compassionate Capitalism*），找出關鍵句或重要詞彙。

一般而言，大多數的企業之所以會從事慈善活動，不外乎兩種狀況。第一，企業執行長對於某個問題特別有感，因此決定捐出個人或企業所得。第二，企業基於公關或行銷理由，認定有必要進行慈善活動，而透過現有專案或基金進行捐贈。

這兩種狀況都有明顯的缺點。在第一種情況中，慈善活動永遠無法真正成為企業文化的一部分，只能仰賴主管一時的興起，且善舉會隨著主事者的投入程度而消長。雖然熱情老闆的善心的確可以成就了不起的事，但企業內部人事變遷的速度可能遠快於需要救助的人。除此之外，大老闆們興之所至的奉獻對象，很可能和公司的業務型態格格不入，因此同樣很可能在掌權者下台，或因其他事務而分心的情況下，讓善舉成為曇花一現。

第二種情況，假設公司宣布要捐款五十萬或一百萬美金後，從學校、庇護所、劇場，到無法果腹的藝術家等各方需求如潮水般湧入，都希望能分到一杯羹。這筆捐款大體而言屬於被動反應性，只回應申請提案，而非主動出擊，擬訂有意義的專案。這項義舉的動機往往在獲得公關掌聲，因此容易遭到員工嘲諷，也激不起他們的響應。最後，承諾的善行成為膚淺的活動，在公司艱困的時期輕易就會被取消。

在前引例中，你在哪些字詞或句子旁畫線？我畫線的部分為：

一般而言，大多數的企業之所以會從事慈善活動，不外乎兩種狀況。第一，企業執行長對於某個問題特別有感，因此決定捐出個人或企業所得。第二，企業基於公關或行銷理由，認定有必要進行慈善活動，而透過現有專案或基金進行捐贈。

這兩種狀況都有明顯的缺點。在第一種情況中，慈善活動永遠無法真正成為企業文化的一部分，只能仰賴主管一時的興起，且善舉會隨著主事者的投入程度而消長。雖然熱情老闆的善心的確可以成就了不起的事，但企業內部人事變遷的速度可能遠快於需要救助的人。除此之外，大老闆們興之所至的奉獻對象，很可能和公司的業務型態格格不入，因此同樣很可能在掌權者下台，或因其他事務而分心的情況下，讓善舉成為曇花一現。

第二種情況，假設公司宣布要捐款五十萬或一百萬美金後，從學校、庇護所、劇場，到無法果腹的藝術家等②各方需求如潮水般湧入，都希望能分到一杯羹。這筆捐款大體而言屬於被動反應性，只回應申請提案，而非主動出擊，擬訂有意義的專案。這項義舉的動機往往在獲得公關掌聲，因此容易遭到員工嘲諷，也激不起他們的響應。最後，承諾的善行成為膚淺的活動，在公司艱困的時期輕易就會被取消。

做筆記

你可以在課本的空白處做上筆記，加強辨識重要的內容。

我曾經使用速記的方法來做筆記。首先，在課文旁邊畫直線，標示內容的重要程度。一條直線代表這部分的內容需要複習；兩條線代表這段內容非常重要。星號代表「不學就不及格」。若需要朋友或老師進一步解釋的地方，我會在旁邊畫上問號。圈起來的課文，表示我百分之百肯定會出現在考卷上。

判斷內容相對的重要性，隨時注意哪些內容會成為考題，這兩點有助於幫我集中注意力，記住更多內容。

成為主動的閱讀者

我強烈建議你針對書面教材進行自我測試，弄清楚自己究竟記住了多少。如果這個方法行不通，那麼試著在閱讀指定內容前先問自己一些問題。

舉例來說，儘管我在大學生涯中，多數時候都算是個好學的學生，但最初兩次考試時，閱讀測驗卻讓我頭痛不已。為什麼呢？主要應該是我總是想要趕快讀完的閱讀習慣使然。

後來有人建議我在看閱讀測驗的文章前，先把問題看一遍。這麼做之後，我的閱讀測驗立刻拿到了高分。就算不可能每次都有問題可以先預覽，仍有其他可以利用的資源：譬如每個章節開始前的摘述、目錄等等。要注意這些地方。

組織閱讀資料

我們的腦袋渴求秩序。視覺錯覺之所以可以唬弄人，就是因為我們的腦袋習慣把秩序加諸在感官接收到的資訊上。所以當你閱讀時，設法將閱讀材料做些系統化的安排，幫助頭腦吸收。

我向來喜歡那些用箭頭說明事件因果關係的圖表。或者，我也會在課本上以特別的記號標示出事情發生的原因。

培養良好的閱讀習慣

要求一個人記住凌晨三點讀到的內容，或趕赴重要約會前看過的東西，實在是強人所難。你是習慣早上活動的人嗎？那麼早早起床讀書。或者午餐前你都無法保持清醒嗎？那麼請在晚餐前把指定的閱讀課業做完。

建立自己的圖書館

詩人奧登（W. H. Auden）說：「有些書被不當地遺忘；但沒有一本書不值得被牢記。」如果你想成為一名積極、求知若渴的閱讀者，那麼確保自己隨時有書可讀，對養成閱讀習慣來說有極大的幫助。我建議你建立屬於自己的圖書館。你對書的選擇可以且應該反映出你的品味與興趣，而且你要試著增加這兩項特質的廣度與多樣性。不妨納入一些古典作品、現代小說、詩詞及傳記。

把高中與大學時的課本留下來，你會驚訝地發現某些內容到頭來還是很有用。另外，試著每天看一份不錯的報紙，隨時瞭解最新的時事動態。

CHAPTER 4

記憶力最大化

你應該不斷拍照，若沒有照相機，就以心靈留下圖像。刻意捕捉的記憶總是比無意間拾起的記憶要鮮明生動。

——作家以撒．馬里昂Isaac Marion

我有相當的證據可以證明，不論你投入多少時間增進記憶力，最終都能收到豐碩的成果。畢竟，如果五分鐘後，你連剛讀過的內容主題是什麼都記不住，那麼就算閱讀速度再快也沒有意義。組織能力是必要的基本工，但如果你總是忘記交作業或一再缺考，組織能力再強也是枉然。還有，時常在找鑰匙、眼鏡、手機或其他必需品，也絕非學習的有效起點。

基本的記憶技能至關緊要，卻是學校最少傳授的一項學習要素，即使是與學習能力相關的課程，也鮮少涉及記憶力的訓練。因此，儘管許多學校與老師都會幫助學生提升閱讀、寫作、組織等各方面的能力，並且耳提面命測驗時應採用的策略，但多數學校與老師都「忘了」幫助學子強化記憶力。

保留、回想與認知

記憶的本質在於存取資訊或感覺的能力，**猶如它們才剛發生**。若想培養好的記憶力，必須能夠儲存那些已經學過的知識、公式與經驗，唯有如此才能夠在必要或想要的時候加以運用。

為什麼人們常常會忘記車鑰匙、眼鏡或手機放在哪裡呢？因為隨手擺放這些東西是生活中最平凡的瑣事。（根據《讀者文摘》的說法，成年人平均每年花費十六個小時在找自己的鑰匙。）我們之所以很難記住課本上及課堂上的知識與公式，原因也是如此。每天上學受教育就像不斷接受大量的知識轟炸。要怎麼樣讓這些知識變得更好記憶呢？（不好意思，有人知道我的眼鏡在哪兒嗎？）

所有讓人不容易忘記的人名、日期、地點與事件有何共通處？答案就在於它們**很不一樣**。讓某件事變得值得記憶的原因，就在於它與眾不同，也就是說它和我們日常的經驗不太一樣。

至於為什麼有些人可以在益智遊戲中，輕易背出一堆人名、符號，或化學元素週期表裡各元素的原子量？因為這些資訊已經被他們給「標籤化」或「編碼」了。對某些人來說，零碎的資訊會自動分標，這樣他們才能輕易與便利地存取。然而，對大多數人而言，除非生來有絕佳的記憶力，否則就必須倍下苦功。

我們先來瞭解記憶力如何運作。記憶包括三個關鍵過程（保留、回想與認知），以及三個重要的記憶類型（視覺、口語與觸覺）。

如果某件事夠重要的話

我們藉由**保留**的過程，把過往的經驗留在心中；我們的心智就像一個「儲存庫」。而由於心智的其他作用，保留下來的資訊可以在需要的時候回想起來。資訊儲存的順序與學習的順序相同，都是由一個個想法或概念堆疊而成。

廣泛的概念要比細節更容易保留，所以只要掌握通則，細節自然到位。你認為重要的事情，保留起來也比較容易。若你能說服自己正在學習的內容是必須保留與回想的重要知識，那麼把這些內容納入你的儲存庫（也就是你的記憶銀行）的可能性也會提升。

保留基本上是一種經過瞭解而產出的成果，和閱讀速度、組織能力或用了多少顏色標示重點無關。閱讀內容、理解及記住重點，是保留的關鍵。一分鐘閱讀一千字，並不代表你瞭解所讀的內容，也不代表你會記住任何知識。

努力增進閱讀速度的同時，你必須知道速度只是輔助。如果你的閱讀速度在班上排名第一，但你無法在讀完後用一句話總結概要，那也只是浪費時間。如果你真的抓住作者的重點，即使你花的閱讀時間比朋友多出一、兩個小時，但真正理解閱讀的內容，會讓你在課堂及生活中獲得豐厚的回饋。

想說些什麼，卻怎麼都想不起來

回想這個過程，允許我們把儲存在腦袋中的東西取出來。回想也會藉由重複的過程得到強化。首次閱讀後立即回想的成效最高，這也是不斷複習之所以重要的原因。回想的動力會受到下列幾種因素的影響：

- 我們最容易回想起自己感興趣的東西。
- 選擇你要回想的東西，把注意力擺在最重要的資訊。
- 把新的資訊和已知的知識結合在一起，會讓回想更容易。
- 大聲唸出或在心裡複誦想要記住的內容，多運用也有助於記憶。
- 回想廣泛的概念，而非單一的事實。
- 以有意義的方式運用回想起的資訊，這個做法對下一次的回想大有幫助。

我們以前是不是認識？

認知是辨識資訊的屬性與意義的能力。熟悉是認知的關鍵：你覺得自己曾經看過這個資訊，並將之與其他的資訊或情境連結，然後你想起了它所來自的背景架構。

如果你曾經因為朋友可以隨時回想起任何知識、日期或電話號碼的超能力而感到欽羨，那麼我有一個讓你好過一點的事實，那就是大多數人的這項技能都源於學習與練習，而非天賦異稟。

我們為什麼會忘東忘西？

當你在思考如何培養記憶力時，利用下列這些要點，釐清你之所以忘記的原因。記憶力差的根源，通常如下所列：

- 無法讓資訊變得有意義。
- 沒有學會必要的基本知識。
- 沒有確實理解該記住的內容。
- 缺乏把資料記憶下來的欲望。
- 把學習視為一件無聊的事。
- 沒有學習的習慣。

・不懂得運用所學到的知識。

更多記憶的方式

以下是一些幫助記憶的忠告：

✔你只會記得你理解的資訊。若你在閱讀時掌握到內容重點，就已經啟動了知識保留的過程。測試你是否理解閱讀內容的方法，是用自己的話重新詮釋一遍。你可以簡述這段內容的重要概念嗎？除非你瞭解內容在說些什麼，否則無法決定它該被記憶或捨棄。

✔你只會記得你選擇記憶的資訊。如果你不想記住某項資訊，或不相信自己記得住，那麼你一定記不住！若你想記住什麼內容，你就必須想要記住它，同時說服自己一定記得住。

✔要確保自己記住了所學的內容，不能學過就停下腳步。必須對學習的資料有透徹理解，包括預讀、批判性的閱讀態度，以及利用一些明確的複習方式，強化你已經學會的內容。

✔相較於組織過的想法或數字，要記住隨機的內容或數字的難度更高。舉例來說，538-6284與678-1234，哪一組號碼比較好記？一旦你找出第二組數字的脈絡，要記住它就比記住第一組號碼容易得多。在記憶任何事物時，要培養辨識資訊架構的能力。建立一套輔助系統，回想資料的組織與連結方式。

✔將你想要回想的內容與已經存在的記憶做串連，是很有幫助的做法。將新資訊與已經存在的知識串連起來，就可以在腦子裡建立這個新資訊的脈絡。

三種記憶類型

記憶可分成視覺、口語與觸覺三種類型，每一種都可以加以強化。當然，這是對記憶力的極簡分類。調查發現，有超過一百種與記憶相關的日常事物，會造成人們的困擾，各需要不同的處理方式！抱歉讓你知道如此殘酷的事實。即便你學會了記住一百個數字組成的數字串，也無法保證你不會花上好幾天的時間，尋找你那副不知道塞到哪裡去的眼鏡。

對大多數人而言，視覺記憶是最容易強化的一種記憶，這也是為什麼許多記憶方法都包含了所謂建立「心靈圖像」。

至於口語記憶的強化，則是利用韻文、歌曲、字母取代法，以及其他有助記憶的手法。

最後，不要低估觸覺記憶或身體記憶的重要性。運動員與舞者都深深明白身體的肌肉、關節與韌帶有屬於自己的記憶。任何利用手指撥號位置來記憶電話號碼的人，也都相信這樣的說法。

下次當你需要記住任何清單的時候，大聲唸出清單上的項目，每唸一項就移動身體的一個部位。踢踏舞者可以一面跳著舞步，一面記憶歷史課本的內容；棒球選手可以把揮棒的每個動作與需要記憶的項目結合。即使是隨性的身體動作，也可以達到記憶的目的。

舉例來說，如果你必須背誦一長串的國家全名，試試把每個國家跟特定的動作連結在一起。想記住波札納，一面大聲唸出這三個字，一面舉起你的右臂。要記住辛巴威，轉轉頭畫個圓。屈膝記住賴索托、舉起左手是布吉納法索、小腿踢出代表馬拉威，而捲捲頭髮則代表模里西斯。彎腰點一下左腳拇指是吉爾吉斯、彎彎左小指是塔吉斯，再彎彎右小指就變成了土庫曼。

當你需要記住這些國家時，起來動一動就是了。看起來也許有點奇怪，尤其是如果你在課堂上做出怪異的動作。但只要有效，管他的！

你也可以利用這種新的記憶方式輔助頭腦的運作。或許你會發現，即使心智忘了，你的身體記憶也會以拯救者之姿出現，繼續奔跑吧！（或舉手、蹲下來、彎腰、搖擺。）

少囉唆，貼上標籤就對了！

如本章開始所述，把希望記住的東西加以標籤化或編碼，我們的腦袋會比較容易從長期記憶區中提取資訊。

「鏈結」（chain-link）是指在一條條資訊陷入記憶泥沼前，設定標籤的方法。這個方法可以幫助你以連結的方式記住資訊內容，不論你選擇的串連方式是事件日期、名詞的意義，或其他應該可以「擺在一起」的事實或東西。

鏈結系統的原理，在於當不熟悉的資訊與熟悉的資訊串在一起時，記憶力的效果最佳；唯一美中不足的是，有時候資訊與資訊之間的關連非常怪異。但話說回來，若想真的發揮效果，越怪異越好。

Every Good Boy has a FACE

記住一連串資訊的第一個字母，是最簡單的記憶方法，這也是為什麼「Roy G. Biv」（紅橙黃綠藍靛紫的英文：red、orange, yellow、green、blue、indigo、violet）之所以有名的原因。另外「Every Good Boy Does Fine」可以記住五線譜的音符，或者最簡單的「FACE」代表的是五線譜線間的音符。

當然，並非所有的縮寫字母串連起來都可以像記住美國五大湖的HOMES（休倫湖Huron、安大略湖Ontario、密西根湖Michigan、伊利湖Erie、蘇必略湖Superior）那麼剛好。倘若你想用相同的方式記住黃道十二星座，最後會出現ATGCLVLSSCAP這樣的結果（白羊Aries、金牛Taurus、雙子Gemini、巨蟹Cancer、獅子Leo、處女Virgo、天秤Libra、天蠍Scorpio、射手Sagittarius、摩羯Capricorn、水瓶Aquarius、雙魚Pisces）。或許你可以從ATGCLVLSSCAP的組合中，找出某個名字或地址或其他有意義的東西，但我沒辦法。

要解決這個難題，你可以利用每一個需要記住的詞彙的首字母造句，然後編出一個簡短但較難忘的故事。舉例來說「當一隻（A）醉醺醺（Tipsy）的沙鼠（Gerbil）追著（Chased）獅子（Lions）、蝮蛇（Vipers）以及花豹（Leopards）時，一些（Some）吃了大麻而茫呼呼（Stoned）的母牛（Cows）在吃（Ate）爆米花（Popcorn）。

拜託，這個故事要比各星座的名字長多了！為什麼不乾脆想辦法直接把十二星座的英文背下來？這種說故事的方法有什麼好處？首先，想像一隻醉醺醺的沙鼠追著掠食動物跑，以及一頭吸了大麻的母牛正在吃爆米花的景象，相對來說容易（而且絕對更有趣）。而且我們很快就可以證明，創造出這樣的心靈圖像，對記住任何東西都是非常有效的方法。第二，因為這段句子至少形成了兩種不同的畫面，所以更容易記得。各位讀者，請試試看。看看你要花多少時間才能記住這些句子，而記住十二個星座的名稱又得花多久時間。

別忘了，編出來的句子必須讓你難忘。所有可以幫助你記住那些字母的句子或連續的詞彙，都可以多加利用。在短短幾秒間，我又編出了兩個記住十二星座的故事：

一隻（A）高高的（Tall）長頸鹿（Giraffe）名叫（Called）拉斯維加斯（Las Vegas）愛死了（Loved）啜飲（Sip）汽水（Sodas），而且還是用罐子（Cans）和（And）盤子（Plates）來喝。

任何（Any）小（Tiny）細菌（Germ）都可能（Could）愛上（Love）維納斯（Venue）。長長的（Long）絲（Silk）蛇（Snakes）可能（Could）全部（All）都會祈禱（Pray）。

這兩個故事很容易就在你的腦海中形成可笑但難忘的畫面，不是嗎？

可惜這種方式有其限制：除非你對於要記住的內容本來就很熟悉（譬如色譜或十二星座），否則這個方法對你並不管用。舉例來說，數十年來，醫學院的學生們都利用以下這段故事背誦腦神經：「在（On）老舊的（Old）奧林匹亞（Olympia's）的高聳山頂（Towering Top），一個（A）芬蘭人（Finn）和（And）一個德國人（German）又躍（Vault）又（And）跳（Hop）。」對應的腦神經為：嗅神經（olfactory）、視神經（optic）、動眼神經（oculomotor）、滑車神經（trochlear）、三叉神經（trigeminal）、展神經（abducens）、面神經（facial）、聽神經（auditory）、舌咽神經（glossopharyngeal）、迷走神經（vagus）、副神經

（accessory）與舌下神經（hypoglossal）。然而，要知道德國人代表舌咽神經，絕對得費相當的時間學習（牢記）所有腦神經的知識。

再舉另外一個我想大多數讀者都不熟悉的例子，伊斯蘭曆法中的月份：穆哈蘭姆月（Mohorran／聖月）、色法爾月（Safar／旅月）、賴比爾·敖外魯月（Rabi I／第一個春月）、賴比爾·阿色尼月（Rabi II／第二個春月）、主馬達·敖外魯月（Jumada I／第一個乾月）、主馬達·阿色尼月（Jumada II／第二個乾月）、賴哲卜月（Rajab／問候月）、舍爾邦月（Shaban／分配月）、賴買丹月（Ramadan／熱月或齋月）、閃瓦魯月（Shawwal／獵月）、都爾喀爾德月（Dhu 'l-Qada／休息月）、都爾黑哲月（Dhu'l-hijjah／朝聖月）。

我記住這些月份的方法是：

我在沙漠裡進行衝沙之旅（safari），有兩位（two）猶太教的拉比（rabbi）隨行，一位是喬，一位是班。（太棒了，一段話裡包含三個月。）我們決定停下來吃東西。我高舉著兩個（two）三明治，努力拿（show）給班（Ben）看，但他氣（mad）喬（Joe）肉放得不夠多。「多放點火腿（more ham），」他如此大叫。拉比大叫是件非常奇怪的事。在我回過神前，喬賞了班一記右（right）勾拳（jab）。幸好我們發現前面有家拉馬達（Ramada）旅店。一個巨大的藍色精靈，圍著一條圍巾（shawl）站在旅店前。但是班依然恨生氣。喬，我要跟你決鬥（duel），你這個下流胚子（cad）。「哦，好啊，」喬一面大吼，一面撩起（hitched up）袍子。「正好，我也要找你決鬥（duel）。」

各位要謹記，若想記住這類故事，只用詞彙來記憶還不夠，你必須在腦海中創造出畫面——兩個騎在駱駝上的拉比；需要更多火腿的三明治；喬使出右勾拳；位於沙漠中的拉馬達旅店，以及店門前的精靈。讓這些畫面在你的腦海裡跳躍。圍著圍巾的精靈，看起來也許和你的祖母有點神似。火腿說不定是綠色的（假如你是兒童文學作家蘇斯博士的書迷）。盡可能讓這些畫面能留下深刻記憶，以利日後回想。

現在換你來試試。又一張大家不熟悉的名詞清單，二十四位古英國國王：屋大維（Octavius）、康斯坦丁（Constantius）、索珍尼斯（Sulgenius）、尤里得（Eliud）、雷頓（Redon）、艾爾多（Eldol）、黑利（Heli）、盧德（Lud）、潘尼西爾（Penessil）、伊德瓦洛（Idvallo）、米勞斯（Millus）、阿奇加羅（Archgallo）、皮爾（Pir）、布魯特斯（Brutus）、馬丹（Maddan）、哈德（Hud）、胡迪布拉斯

（Hudibras）、高布達（Gorboduc）、波瑞克斯（Porrex）、丹尼厄斯（Danius）、因珍尼亞斯（Ingenius）、克雷迪克（Keredic）、卡凡（Cadvan）、伏泰摩（Vortimer）。

請計時。若你能夠在五分鐘內建構出一連串的畫面，記住這份清單，而且記憶還能撐過一天以上，那麼你顯然已經掌握了這種高效記憶的要領。

另外四個可供讀者練習的清單如下：

乳酪：聲頌乳酪（Samsoe）、卡伯特乳酪（caboc）、利古里亞經典乳酪（stracchino）、紅溫沙（Red Windsor）、賀倫乳酪（Hram）、泥乳酪（Sag）、艾斯諾姆乳酪（Esrom）、瓦西林乳酪（Vacherin）、威克斯福特乳酪（Wexford）、帕芙隆乳酪（Provolone）、綠乾酪（sapsago）、軟乳酪（Crowdie）、普爾托斯特乾酪（Pultost）、愛倫乾酪（Arran）、布拉尼乳酪（Blarney）、索伊斯特乳酪（Mysost）、艾雷乾酪（Islay）。

船舶：航海家德雷克（Drake）、雙桅縱帆船（saic）、拖船（butty）、輕舟（shallop）、抓斗（grab）、雙桅帆船（brigantine）、大帆船（carrack）、船載小艇（pram）、漁船（bawley）、單人划艇（whiff）、班輪（packet）、平底船（budgerow）、

排槳帆船（gallivant）、雙桅漁船（dogger）、運煤帆船（Geordie）、三人艇（randan）、橡皮艇（drake）、獨木舟（monoxylon）

不常見的蔬果：楊梅（yangmei）、葫蘆（dudhi）、木薯（manioc）、苦瓜（karela）、蒜薹（garlicscape）、榴槤（durian）、絲瓜（loofah）、釋迦（cherimoya）、柚子（pummelo）、樹葡萄（jabuticaba）、海蘆筍（samphire）、紅藻（dulse）、芥蘭（gailan）、山陀果（santol）、蘭撒果（langsat）、鳳梨釋迦（atemoya）、羅林果（rollinia）、火龍果（pitaya）、蛋黃果（canistel）、酸柑（kalamansi）。

各式舞蹈：瑪克西塞舞（Maxixe）、鞭轉式羚躍（Cabriole）、雙行進步（Doppio）、薩塔瑞舞（Saltarello）、艾斯坦碧舞（Estampie）、波蘭舞（Polonaise）、貝加莫歡快舞（Bergamask）、猴舞（Ketjak）、摩爾舞（Moresco）、十六世紀活潑宮廷舞（Tordion）、哈薩克舞蹈（Kazachoc）、朱巴舞（Juba）、莎法寶德舞（Safabaude）、加利亞爾舞（Galliard）、查爾達斯舞（Czardas）、小碎步舞（Bourree）、馬塔奇舞（Matachin）。

顯然你並不需要瞭解這些東西到底是什麼，甚至不需要知道如何正確唸出這些冷僻的字詞。（不過正確的拼法，以及在你創造出來的故事中維持詞彙的正確順序，很重要。）

下列為四種製造連結的方式，可以幫你記憶幾乎所有東西：

- 在能力所及的範圍內，盡量讓連結的畫面越怪越好。
- 不要只想像某個東西坐在那裡。讓它做點什麼事，越瘋狂越好。
- 想像可以觸動情感反應的情境，諸如歡樂、悲傷、身體疼痛或其他感覺。
- 許多學齡前或小學一、二年級的課程，都是以韻文教授。如果這種方式對孩子有效，對你也應該有效，不是嗎？
- 如果你正在學三角函數，可能需要記住「SOH-CAH-TOA」這個簡易的三角定義的字串：正弦等於對邊除以斜邊（SOH: sine = opposite／hypotenuse）；餘弦等於鄰邊除以斜邊（CAH: cosine = adjacent／hypotenuse）；正切等於對邊除以鄰邊（TOA: tangent = opposite／adjacent）。

字母記憶法

截至目前為止，我們一直都在豐富的文字世界裡遊戲。任何與文字相關的知識，記憶起來都相對簡單，因為字詞必定會連結某樣可以看得見、摸得到、聽得到或聞得到的東西，進而承載一種以上的聯想，也因此比較容易記憶。

但數字是一個抽象的概念，除非能與某樣東西串連，否則相對較不容易記住。舉例來說，記住自己只聽過一次的電話號碼，對大多數人而言都非常困難，原因就在於號碼一般無法勾起畫面或感受。電話號碼只不過是一堆彼此無關的數字。因此，記住電話號碼的訣竅，就是為數字建立起更多的連結。

怎麼做？畢竟數字很抽象，就像要在沒有任何可供聯想的事物協助下，記住不同的顏色。

與數字為友

有無限的數字，而我們用來表示數字的方法其實比文字系統更好用。數字是由十個你應該已經非常熟悉的阿拉伯數字組成：0、1、2、3、4、5、6、

7、8、9。

字母記憶法是一種相當受歡迎的數字記憶手法，訣竅在於把十個阿拉伯數字轉變成代表聲音的字母或符號。美國魔術師暨記憶力訓練專家哈利．羅瑞恩（Harry Lorayne）是這種概念的先驅，他出版了許多有關記憶力的著作。羅瑞恩的方法是，把十個大家都熟悉的阿拉伯數字與代表不同聲音的字母或符號連結在一起。

這個聰明的簡單記憶架構，運作如下：

1=T, D；6=J、軟音的G, CH, SH

2=N；7=K、硬音的C、硬音的G, Q

3=M；8=F, V, PH

4=R；9=P, B

5=L；0=Z、軟音的C, S

或許你正在想：「這些亂七八糟的東西有什麼邏輯？我到底要怎麼記、怎麼用？」

嗯，這套方法看起來也許很蠢，但相信我，其中自有奧妙。

數字1是由上到下的一豎，一如字母「T」。「D」則是一個非常適合替代的字母，因為它的發音方式幾乎和T相同：舌頭觸碰前齒內部與牙齦接合處。

「N」代表2，因為「N」要兩筆才能寫完。

「M」之所以代表3，一如你所猜想，因為它需要三畫。

「R」代表4，因為4的英文字尾發音是「r」。

「L」代表5。你可以這樣想，如果你張開左手的五根手指，就像正在說「現在五點」那樣，那麼食指與拇指間會形成一個「L」。

「J」看起來像數字6的鏡中映影，特別是如果你的手寫字跟我一樣難看，看起來更像。因此，所有發音與「J」相似的聲音（舌頭觸碰下齒內部），都可以作為數字6的替身。

「K」像是把兩個7背靠背擺在一起，再把其中一個倒過來。所有如「K」般利用喉嚨發音的字母，都有潛力成為幸運7的代言者。

「f」好像從數字8中間，畫上一條水平線。所有利用上排牙齒壓住下唇發出聲音的字母，都可以代表8。

「P」像不像用鏡子看著9。「B」也是以上下唇閉合發音的字母，所以可以代表9。

0很簡單，0的英文字首為「Z」，所以任何利用平舌與上下齒閉合發出「嘶」聲的字母，都可以接受。

羅瑞恩提醒我們，這個方法的要點在於字母的聲音。這也是為什麼當我們使用這個記憶法時，不會設定任何無聲字母或雙子音字母來代表數字，每一個字母都得發出不同的聲音。

你有沒有注意到字母記憶法所使用的所有字母都是子音？那是便於使用者可以運用母音與這些子音結合，製造出有意義的詞彙或記得住的發音。因此數字85可以變成FooL（傻子）。至於你今天在學生中心遇見的那個不錯的女孩，他的電話號碼2435475（NRMLGR）可以唸成「normal girl」（正常女孩）。

想不想試試用七個地名來記住圓周率？你可以硬記3.141592，或只要想「MeTRic TalL PeNny」（測量的高大便士）。用「DooRMeN LiKe DoGS」（門房喜歡狗）來記憶自己的社會安全證號碼（143-25-7170）是不是更簡單？

如果是更長的數字組合呢？該如何不需太費力就記住二十、三十，甚至五十個數字的組合？你可以把自己的故事句拉長，也可以把數字分組，成為一連串的圖像。

舉例來說，若你需要記住289477500938199101550這組號碼，一共二十一個數字！試著把這組數字分成較短的組合，為每個小組創造一個畫面：

289477可以用NVPRGK或一個水手（NaVy）傾倒（PouRing）黏呼呼的東西（GunK）來代表。

500938是LZZBMV。一個水手慵懶地（LaZily）站在（right By）一家電影院（Movie Theater）邊。

至於199101550呢？電影院裡正在放映什麼片子？戴比（DeBBie）製作（DoeS）達拉斯（DallaS）。

你可以僅利用四到五個想像畫面，就背誦出五十個數字的組合嗎？不妨試試看，到時你就會知道這個方法有多簡單。

利用字母記憶法的其他方式

這個有效的方法不僅可以用來記憶長長的數字串，還可以記住一張美國二次世界大戰後歷屆副總統的名單：

第三十四屆　哈利・杜魯門（Harry Truman）

第三十五屆　艾爾班・巴克萊（Alben Barkley）

第三十六屆　理查・尼克森（Richard Nixon）

第三十七屆　林登・詹森（Lyndon Johnson）

第三十八屆　赫伯特・韓佛瑞（Hubert Humphrey）

第三十九屆　史派羅・阿格紐（Spiro Agnew）

第四十屆　傑若德・福特（Gerald Ford）

第四十一屆　尼爾森・洛克斐勒（Nelson Rockefeller）

第四十二屆　華特・孟岱爾（Walter Mondale）

第四十三屆　喬治・布希（George H. W. Bush）

第四十四屆　丹・奎爾（Dan Quayle）

第四十五屆　艾爾・高爾（Al Gore）

第四十六屆　迪克・錢尼（Dick Cheney）

第四十七屆　喬・拜登（Joe Biden）

你可以利用記憶法，在這些名字與屆數之間建立起連結：

杜魯門：過來見見這位先生（MR／34），他姓真（True），老兄（Man）

奎爾：想像一隻怒吼的（RoaRing／44）鵪鶉（Quail，與Quayle發音相同）

孟岱爾：想像一隻正在奔跑（RuNning／42）的公（mon）埂犬（Ayrdale）

福特：想像一個飄浮（RiSing／40）在半空中的嶄新福特（Ford）卡車。

如何勾串記憶？

另一種記憶法名為字鉤法（Peg Word System），這種方法是讓1到10的每個數字都對應一個詞。羅瑞恩的字鉤法不需要特別記憶，因為這些詞彙都是奠基於你已經學過的字母記憶法：

1：Tie（領帶）

2：Noah（諾亞）

3：Ma（媽）

4：Rye（黑麥）

5：Law（法律）

6：Shoe（鞋）

7：Cow（母牛）

8：Ivy（常春藤）

9：Bee（蜜蜂）

10：Toes（腳趾）

當你必須依序記住一張清單上的內容，或把一個數字和其他資訊串連在一起時（譬如副總統的名字與他們的屆數），就可以用這種字鉤與數字的連結。羅瑞恩甚至利用如木乃伊（mummy／33）、籠子（cage／76）、屋頂（roof／48）以及打盹（dozes／100）等詞彙，把這份字鉤表擴大到一百。

你當然也可以利用字母記憶的方法創造屬於你自己的字鉤法。或者，你也可以利用認知心理學家費歐娜．麥克佛森（Fiona McPherson）在她的著作《記憶之鑰》（*The Memory Key*）中，所採用的完全不一樣的字鉤體系。麥克佛森的方法並不是用字母記憶法中的字音來連接數字，而是利用韻腳，不過同樣可以達到加深記憶的效果。

1：Bun（小麵包）

2：Shoe（鞋）

3：Tree（樹）

4：Door（門）

5：Hive（蜂巢）

6：Sticks（棍子或Bricks／磚）

7：Heaven（天堂）

8：Gate（大門）

9：Line（線）

10：Hen（母雞）

一如我在本書中一再強調的，運用你覺得最容易的方法，不然就去創造屬於你自己的方法！

CHAPTER 5

時間管理

最不會利用時間的人，總是最先抱怨時間不夠用的人。

——法國哲學家拉布魯耶Jean de La Bruyère

我相信此刻正在看這本書的你們，很多人常常覺得自己被該做的事壓得喘不過氣來。有些人可能會因為精疲力竭而選擇放棄。至於那些還沒有被壓垮的人，或許以為一切都是自己的錯，只要更努力、更用功，所有問題都會迎刃而解。於是你認命地不斷喝咖啡提神、為了考試通宵抱佛腳，把吃飯睡覺這些民生小事都拋在腦後。你試著做完所有的事，可是事情好像總是多到做不完。你毫無管理時間的技巧，你知道這樣的方法注定失敗。

不論你面對的是什麼樣的挑戰，一個簡單且容易操作的組織系統，對於成功至關緊要。儘管你老是說自己沒有時間去做計畫、列表或記錄，但做計畫確實是給自己找出更多時間的好辦法。

你可以預先計畫，思考並選擇時間該如何利用、每項工作要分配多少時間。你可以對時間有更好的掌控，而非一天到晚抱怨時間不夠。

有效管理時間的第一步，是決定事情的輕重緩急。有時候我們確實必須承認自己真的無法事事兼顧，我們必須剔除忙碌的時間表上那些不是那麼重要的事，以便投注更多精力在真正重要的工作上。

為什麼要花時間做計畫？

即使減少了不必要的活動，不少人仍然要求自己得做好應該做或想要做的所有事情。上課、學習、工作、課外活動，還有社交生活，要把所有這些事情全都排入時間表，實在不容易。

我在本章所提出的組織計畫，是專門為學生設計的方法。不論你目前是在高中、大學或研究所就讀，也不論你是一般的學生，抑或是準備重回校園的職場人士，這個計畫都便於管理且非常有效。

這個時間管理計畫是有彈性的。事實上，我鼓勵你調整做法以符合你的需求。換言之，不論你是住在學校宿舍、與室友租屋同住，抑或與配偶、孩子住在一起，它都可以切合你的需要。

本章的目的是要協助你判斷什麼對你來說是真正重要的，為自己設定目標，組織並計畫你的時間，以及培養遵循計畫的動機與自律能力。

一套符合個人需求的時間管理方法，可以幫助你用更少的時間完成更多的工作。不論你的首要目標是想多擠出些時間、提升成績、減少壓力，或以上皆是，學習如何規畫自己的生活與學習，都可以幫你達成這些目標。一套有效的時間管理法可以：

✔**確認你優先處理第一要務**。你是否曾經為了一堂較簡單的課程，花了整晚的時間完成一篇指定報告後，才突然發現沒有足夠的時間複習某個較困難的科目的隨堂考試？

✔**瞭解完成每項工作真正需要的時間**。這套辦法的主要目的之一，是預估每項工作要花多長時間完成，並且追蹤完成這項工作實際花費的時間。一旦建立起這樣的概念，你就會明白那些「不見」的時間都跑到哪兒去了。

✔**減少拖拖拉拉的習慣**。只要你對於必須完成的工作有實際的概念，也知道自己分配了足夠的時間去完成它們，就比較不會慌了手腳或想要拖延。

✔**跳脫時間的陷阱**。時間陷阱是你在開始念書或著手其他工作前，必須先撲滅的火災。與其說時間管理是滅火的方式，倒不如說它是在預防火災的發生，因為時間管理可以讓你系統化地處理各項工作，而不是如無頭蒼蠅般緊追在麻煩之後，茫然地挖西牆補東牆。

- **提高效率**。有效的時間管理除了能夠幫助你平衡學習與其他活動，還可以讓真正花在念書上的時間更有生產力。
- **給你自由與掌控權**。不同於許多學生的恐懼，其實時間管理是一種解放的機制，而非限制的架構。對一天中的部分時間進行管控，可以讓你更自由地運用其他的時間。
- **避免時間衝突**。把所有的活動、作業、約會、雜事與提醒全攤在計畫表下，可以保證同一個時間要做兩件事的狀況不再出現。就算仍然出現了時間衝突的事件，你也能夠提早警覺，重做安排。
- **拋開罪惡感**。如果你已經分配好讀書時間，就不用時時記掛著讀書這件事，心情也會輕鬆許多。該做的事若沒有先排定計畫，它很容易在你的腦子裡轉來轉去。
- **評估自己的進步程度**。如果你知道一個禮拜必須要讀七十五頁課文，才跟得上某堂課的進度，而你這週只看了六十頁，那麼不用計算機你也知道自己的進度落後。有了時間表，你就知道下週要多排一點時間追上進度。
- **讓你看到全局**。有效的時間管理可以讓你鳥瞰整個學期的安排，不會再因為忙碌而忽略了什麼，並且在大型考試或作業期限來臨的前幾週就預先準備。

▼讓你看到更廣的全局。預先計畫及提早安排課程，可以讓你對於學習生涯有更完整的規畫。

▼幫助你更聰明地學習。你會變得更有計畫、更瞭解事物的優先順序、對時間的掌控更為精準，進而以較少的學習時間得到較好的成果，有更多的時間去做其他事情，好比參加課外活動、從事個人嗜好等等。

時間管理並非魔法，卻可以展現魔法。

從起跑線到終點線

除非你弄清楚起跑線在哪裡，否則難以全速奔至終點。因此，檢驗你目前狀態的首要任務，就是找到你的起跑線。方法有兩種，而我建議你兩種都做。

第一種做法，是利用下頁的圖表，評估你實際上有多少時間可以用來念書。

如果時間明顯不足，你最好重新衡量其他活動所占的時間。也許你需要減少工讀的時間、退出一個社團，甚或改變作息以減少通勤時間。當然，如果你每天都花上兩個小時打理門面或三個小時用餐，該怎麼調整應該很明顯。

自行製作第二張表。以十五分鐘為間隔，寫下你目前安排時間的方式。雖然對某些讀者而言，追蹤一、兩天的所有活動已經能夠達到效果，但我建議你要追蹤包括週末在內一整週的活動。

如果你和很多人一樣，總是有大把的時間似乎無緣無故就消失了，而事實上這些時間其實全都獻給了諸如賴床、化妝、刮鬍子、看報紙或等車這類的事情，那麼追蹤自己的時間安排更加重要。你可以利用浪費掉的一、兩個小時，念念書嗎？懂得善用這些「空白」時間，你就不會再說時間不夠了。

你的時間都到哪裡去了？

	小時／每天	天／每週	小時／每週
用餐（包括做飯與清理時間）	____	7	____
睡眠（包括打盹）	____	7	____
梳洗打理	____	7	____

通勤	____	5	____
雜事	____	7	____
課外活動	____	____	____
工讀或全職工作	____	____	____
上課	____	____	____
休閒娛樂（包括與朋友聚會、出遊、看電視等等）	____	____	____

填好第一列的時間後，乘以第二列的數字，然後把得出的總數填在第三列。一星期共有一百六十八個小時（24x7），你留了多少時間給學習？注意，若上述計算結果出現負值，是個大警訊。

陳習如何同時處理多項工作：在家無所事事時聽聽有聲書；開車的時候複習單字或練習數學題；一面請父母或室友考考你課本內容，一面洗碗、吸地或整理家務；隨身帶些學習的資料（書、報告大綱或閃卡），在等公車或火車時，可以完成相當多的閱讀。

列出行事曆裡所有可以在十五分鐘內做完的事情。這些事情全都可以利用空白時間來加以完成。

蒐集你需要的所有資料

著手規畫與分配時間時，一定要備妥你需要的所有訊息與資料，這是做好計畫的要件。各科的授課大綱、工作時間、重要家庭聚會的日子、假期與旅行的日期、其他各種預約（看醫生、各種約會），以及所有你打算參加的課外活動時間。

想成為有計畫的人，需要兩樣東西：一份長期的行事曆，以及一份較為詳細的計畫日誌。

之後我會談到如何追蹤自己的日常活動（上課、約會、作業、考試等等）。但首先要討論那些需要好幾個星期，甚至好幾個月，才能完成的長期計畫，譬如期中與期末考的準備、期末報告或論文。

用來做長期計畫的行事曆裡不會涵蓋太多細節，只是整個學期的行程大綱，像是「人生一瞥」一般的摘要。這份行事曆中只會記載著每次小考與測驗的日期、報告與專案提交的期限、重要的約會（非只限於課業相關的內容），以及所有你必須記住的大事。

最理想的型態是一次規畫三到四個月的內容。我在本章後面附了一份長期計畫的範本。如你所見，上面沒有繁瑣的細節，目的只是提醒你，好比說不要在一月六日安排聚會，或不要期待二十號那個週末有太多時間可以看書。

網路上有各種行事曆可供你選擇搭配各類行動載具。Google行事曆、iCal，還有微軟的Outlook系統，都是現代人喜歡運用的工具；有成千上百種不同的行事曆系統可任君採用。這些軟體大都可以進行個人設定，從選擇形式、顏色、字體，到其他林林總總的格式，應有盡有。專為手機設計的各種行事曆以及應用程式，包括待辦事項表、提醒與鬧鈴等等，也越來越普遍。

我一再強調，不論你想要使用哪種工具，選擇權都在你自己。一般高中生或許會覺得使用手機內建的行事曆就非常方便，因為他們通常沒有太多的專案計畫或專題報告。

再次強調，格式不是重點，原則才是關鍵。發生了什麼事或要做什麼事，都應該記載在你的行事曆中，不論你把這份行事曆存在哪裡。

選擇自己的行事曆

本章最後的行事曆範本僅供參考。你的計畫日誌必須涵蓋當週需要做的所有事項。如果你使用長期計畫的行事曆，則必須確定把所有課業活動全列在行事曆中。除此之外，別忘了一些重要提醒，譬如送姊姊生日禮物、參加義工聚會、洗衣服、買日用品等等。

把所有長期或具有難度的專案，分割成許多「一次性」的小任務，然後再把這些小任務納入行事曆裡。亨利．福特曾說：「如果你把工作分割成許多小工作，天底下便再也沒有特別困難的工作了。」就是基於這樣的概念，後來才會出現工業生產線的流程。

不論你使用的是哪種行事曆，我都建議你如同我在範例中所呈現的，加入下列要件：

- 當週每一項要交的作業。（二十、二十一、二十四號，「幾何」。）
- 大型作業的執行步驟（二十號，「確認英文報告主題」；二十五號，「準備歷史期中考」。）

- 所有與功課無關的雜事、約會、打電話等等。
- 利用代碼（我使用A、B、C）來標明工作的輕重緩急。
- 預計分配給各項工作的時間（在我的範例中標示T的項目）。
- 完成每項工作的實際時間（標示A）
- 所有其他的提醒（好比帶運動褲、打電話給老媽！）

排定事情的優先順序非常重要。若是毫無計畫地念書，你會一頭栽進最先進入腦子裡的課業。當然，沒有人能夠保證你第一個想到的功課，就是最重要的功課。利用代碼標示工作的輕重緩急，依照重要性排定先後順序，如此一來，即使你發現沒有足夠的時間完成所有工作，至少可以先完成那些最重要的。

如果你一日拖過一日、一週拖過一週，不斷延遲某項不太重要的工作，那麼到了最後，你必須重新決定它是否真的有必要進行！這是一種讓工作或問題「消失」的策略。在商業世界中，某些經理人會刻意迴避問題，他們期待假以時日後，這些問題會因為漠視而自動解決。如果這樣的做法在業界行得通，必定也適用在學校的學生。

預估需要的時間以及確定最後實際使用的時間，是我很喜歡的一種概念。不論你分配了多少時間，加起來應該接近你實際可以自由運用的時間。如果你發現花在做功課的時間總是比預估值多，那麼你可以在預估時間上增加「安全限度」。再次加總所有預估與安全限度的時間，確定你不會要讀到凌晨四點！

養成做計畫的習慣，不但可以讓你更清楚地知道該分配多少時間給要完成的事情，還能確保預估的時間越來越準確。

越久之後才要繳交的作業，執行起來就越容易拖拖拉拉，甚至連將它們分成不同階段並記入行事曆中，都還是會出現延誤。因此，如果你發現某些長期計畫仍停留在上週的進度，請重新安排。就從完成期限最遠的課業開始，譬如期末報告三個月後要交，口試是十週以後。接著自欺欺人，把完成日期至少提前一週，給自己一週的緩衝期，以應付人生中不可意料的驚喜或驚嚇。(但你得努力忘記你是在騙自己，否則就會像把錶調快十五分鐘的慣性遲到者，總是提醒自己錶快了十五分鐘，以致於這個策略完全無效。)

除了工作的優先順序以及你可以用來完成工作的時間，其他因素也會影響你使用這些排程工具的方式。有些因素非你的能力所能控制：譬如與教授、醫生的見面時間，但仍有不少因素是你可以掌握的，擬訂時間計畫時，記得把所有因素都考量進去。

不要把自己逼得太緊。排定一段學習時間，中間可以穿插幾段休息的時間；這些放鬆的時刻能夠讓你以更清明的思考及更高的創造力，重新投入學習狀態。

即使你已經習慣較長的念書時間，仍要避免學習「馬拉松」：一次連續念上六或八個小時。念書時間越長，需要奮力抵抗疲憊的可能性也越高。與其不斷說服自己你真的全心投入學習，定時休息避免精神渙散，不失為一個好方法。

牢記帕金森定律（Parkinson's Law）：工作會自動膨脹，占滿所有你可用的時間。也就是說，如果你沒有先規畫出一個小時來進行一份應該花一個小時就能完成的功課，最後你很可能會猛然驚覺自己竟然在這份功課上耗了兩、三個小時。

有效運用這些工具

一旦你找到有效的讀書習慣與模式，就要持續利用並強化。對於你從其他人那兒學到的各種技巧保持彈性，視不同情況進行調整。

根據你自己的時間、目標與資質擬訂計畫，不用在意別人的標準。你認為一項課業應該花多少時間，就分配多少時間，不需要比較他人所花的時間，也不用介意老師說你應該花多少時間。在決定哪些事情需要付出較多心力、哪些比較容易達成時，請實事求是，誠實面對自己。

盡可能在學習時段之後，安排一些令你開心的活動，讓這些活動成為一項激勵。同時在一段合理的期間後，檢查自己的進步程度，看看是否有必要修正計畫。這是你的學習方法，是你思索過後的結果，所以你當然有權修改。如果你發現分配給某件事的時間常常高出需要的時間，依實際狀況修改行事曆。

將各項作業或考試加入行事曆後，要確保你同時記下了必備的物品，包括課本、其他需要採購或向朋友與圖書館借用的書，還有筆記本、螢光筆或方格紙等用品。運用這些計畫工具，嘗試所有你覺得可能有效的方法，有效就繼續用，無效就捨棄。

試著先從你最不喜歡的工作（研究報告、專案計畫等等）開始做起，因為解決這些之後你會比較開心！盡可能詳細規畫所有執行步驟，這樣可以讓你更快擺脫你不喜歡的事情。如果你發現某項工作或某個專案的進度超前，就繼續下一個階段的工作。即使你落後進度，也不要慌張，只要重新安排，找時間趕上進度就行了。

把事情寫下來。如果你沒有把所有的事情都記在腦子裡，腦袋就可以騰出更多空間去記住你真正需要專注或必須記得的事情。

你也得學習處理分心的問題。猶如某個時間管理原則所述：「別為了要緊的事而忘了重要的事。」有些事其實可以隨時繼續或擱置。注意那些費時、複雜且必須一氣呵成的工作。打斷這類工作的進行，代表你得重頭來過。那會多浪費時間啊！

天底下最沒有效率的事情就是分心，特別是在關鍵時刻。學著避開那些可能會影響你進度的敵人，你會發現事情的進展因此順利許多。抵禦對心智干擾，其中一個辦法是瞭解自己的學習時鐘，據此制訂計畫。每個人都有特定的傾向，在特定的時段做起事來特別有效率。弄清楚自己的學習時鐘，根據這個時鐘制訂工作時程。

小心那些不請自來的人。除非你本來就打算休息一下，否則這些人只會讓你脫離既定的時間表。其他更難察覺的敵人還包括你興之所至想做的任何事，好比說把所有的鉛筆都削尖、突然想整理房間，或主動提出要幫妹妹寫作業等等。如果你正在做的事跟原訂的學習內容無關，休息一下，再埋首用功。自律也是一種經過學習而形成的習慣，而且熟能生巧。

適時拒絕（他人或自己）也可以幫你隔絕那些不受歡迎的打擾。不論是什麼樣的誘惑，掛上你的「請勿打擾」牌子，堅守原則。

如果你的工作或課業需要與其他人合作，記得把共事者的時間觀念也納入考慮。對於慣性遲到的朋友，你需要多安排一些「等待時間」……記得隨身攜帶一本書。

一天中最重要的十五分鐘

每天撥出十五分鐘檢視每日與每週工作的排序。儘管許多企業人士的一天都是從這十五分鐘開始，但我建議大家把這十五分鐘安排在一天結束前。為什麼？有三個重要的原因：

一、**這個時候你的想法最清楚**。在一天終了的時候分析自己達成或沒有完成的事情比較容易。

二、**這是結束一天的絕佳做法**。想想自己今天完成了什麼，以及明天要做什麼，會讓你有更充分的準備面對第二天。

三、**隔天早上會有個美好的開始**。如果你利用早上的時間做計畫，很可能會把十五分鐘的時間延伸為一個小時漫無目的的思考。先做好計畫，當別人還在半夢半醒地喝著咖啡時，你已經出發奔馳了！

讓我們來檢視一下成果：如果你把指定的功課分成幾個可一次性完成的步驟，就不會覺得難以負荷。你再也不必擔心報告不知道何時才寫得完，因為你已經定好了計畫。你會一步步地做好所有需要完成的事情。一旦習慣了管理時間，很快你就會發現自己好像比以前多出了更多的時間。

長期計畫的行事曆（範例）

	月份：一月						
	週一	週二	週三	週四	週五	週六	週日
	1	2	3	4	5	6	7
		交歷史報告			法文單字小考	回家看老媽	
	8	9	10	11	12	13	14
		英文期中考	幾何期中考	歷史期中考			
	15	16	17	18	19	20	21
						校外曲棍球賽☆	☆
	22	23	24	25	26	27	28
			完成法文專題報告第一、第二部分		法文單字小考	校外曲棍球賽☆	☆
	29	30	31				

計畫日誌（範例）

二月

20	週一	T	A	Notes
A	幾何24-42頁	40	60	
A	歷史第三章	30	40	別忘了做作業
A	完成生物實驗報告	60	25	
	讀第八章	25		
C	確認英文報告主題	20	15	
		10	10	
A	帶運動褲			
B	打電話給姊姊			
A	樂團練習	120	180	

21	週二	T	A	Notes
C	製作健康量表	30	20	
A	幾何複習	40	70	
B	西班牙文報告大綱	75	120	牙醫預約
B	六點半練團	120	120	

22	週三	T	A	Notes
A	完成西班牙文報告	60	70	
	校對	30		
A	歷史第四章	30	45	
B	生物第九章	30	45	
	複習至112頁	50	30	

計畫日誌（範例）

二月

23	週四	T	A	Notes
A	完成健康量表	20	40	
B	英文閱讀	120	0	
				帶運動褲
	六點半練團	60	150	

24	週五	T	A	Notes
A	幾何85-110頁	50	90	
				確認誰來接我
打電話	Rob 742-6891			買牙刷
	Jack 742-2222			化妝品
	Jra 743-8181			
	Cheryl 777-7777			

25	週六	T	A	Notes
A	準備幾何考試	120	120	
B	準備歷史期中考	120	120	
A	複習生物	60	45	

26	週日	T	A	Notes
	自由時間			
	11點上教堂			

- T：預計分配時間（分鐘）
- A：實際花費時間（分鐘）
- 左列A、B、C表示重要性

CHAPTER 6

讓課堂表現更傑出

大多數的老師都會利用上課時間講解課文以及其他指定閱讀資料的內容。如果你在上課前就完成指定的閱讀範圍，在課堂上就能夠更專心吸收老師的解說與其他新知。

現在的老師們可能會採取各種新的授課方式。由於科技進展，老師的教學工具箱也急速擴增。儘管仍有部分學子身處在粉筆、黑板、掛式地圖，以及老式幻燈片投影機這種傳統教室裡，許多學校教室已經有了革命性的改變，包括互動式白板、筆記型電腦，以及PowerPoint簡報系統。或許你也跟著進化了，我確信許多讀者現在喜歡用筆電或平板勝於傳統紙筆。

這種不斷進化的「有線教室」（wired classroom），唯一的缺點就是製造出過量的資訊，但若撇開此點不談，科技發展會讓本章所涵蓋的許多內容更容易執行，因為你可以隨時隨地取得和瀏覽電子檔案、老師的講義與建議閱讀的內容，甚至老師個人的網站。

只要你能培養擷取、分析與保留自己所需的學習資訊的能力，資訊是以何種方式傳遞的並不重要。

課程安排的差異

如何運用本章所提到的各項技能，取決於兩個因素：授課方式，以及每位老師獨特的教學風格。

下列是一般性的授課方式，為了達成學習目標，不論哪種方式你都必須調整適應。

純授課型課程

在教育系統中很普遍也最常見。一般的大專院校裡，有些很受歡迎的課程（或通識課），動輒吸引數百名學生選修。

著重的技能：聆聽、做筆記。

討論型課程

又稱為個別指導或小組教學的討論型態，在大學階段也很普遍。這類討論課程的典型安排，是兩堂授課與一次或多次的小組討論。小組討論通常由助教帶領，參與的學生人數較少（一般為十二人以下），給學生機會針對教授授課的內容與指定閱讀範圍的重點進行討論。

小組討論不一定完全遵循授課進度或上課方式，很可能會在不同的主題間跳來跳去，學生需要對課程資料有一定的掌握，才能跟上這種跳躍式的討論。

著重的技能：提問與回答、分析想法與概念、參與討論。

複合型課程

有些中學後的教育課程，為了能在學期內有更好的教學效果，於是有了複合式課程（combination class），亦即結合授課與討論型態。老師針對他想要教授的內容準備教學計畫，然後透過講課、討論、問答、影音呈現的方式來進行，或只結合前述一、兩種方式。

對於這樣的課程，學生要做的準備取決於老師的授課方式。這類課程出現在中學後的教育體系，包括大學、研究所、技職學校等等，通常是因為班級規模較小，不需要以正式講課的方式進行。

著重的技能：做筆記、聆聽、參與、提問與回答。

示範教學課程

中學以上的教育體系的任何階段，都可能會出現諸如科學實驗以及各種技職教育的示範教學課程，如工業藝術、製圖等等。這類課程的焦點清一色都在於實際操作——完成實驗、進行專案研究或製作成品等等。老師會先示範，然後讓學生在課堂上動手執行各自的計畫。

在大學階段，科學實驗通常由助教負責監督；技職學校的授課可能會結合簡短的講課、示範與親自操作，畢竟僅靠閱讀如何清理分電盤的說明，無法讓你成為一位優秀的技工。

著重的技能：特定手藝、技藝與科學技術的培養與應用。

儘管有些課程無法歸入上述各項，但授課方式大多不出這幾種。班級規模決定了授課型態，但我們無法假設一個有兩百名以上學生的大型課程，教授只要站在講台上照本宣科就好；也沒有人可以保證只有十多個學生的小教室，就只能採

取討論的方式。

在我念大學時，有位宗教學教授的課廣受歡迎，吸引超過三百人選修，但他鮮少講課。走進他的教室前，我永遠都不知道今天該期待些什麼。有一次他以當地某個爵士樂團的一連串即興演奏為背景，請好幾位助教談論靈魂出竅的經驗。還有一次，這位教授花了整整一個小時的時間與一名學生爭論和授課內容毫無關連的概念。

另外一堂大約二十名學生選修的物理課，教授總是從容不迫地踏進教室，無視學生的存在，不發一語走到黑板前面，寫下各種方程式。他默默地在大大的黑板上揮灑，二、三十分鐘後，先走到黑板右邊，再慢慢踱到左邊……之後開始擦黑板，把方程式再重寫一次。這位教授從不提問，也不要學生問問題。事實上，我根本不記得他在那整整三個月的課堂上，有沒有開口說過任何一個字！

在虛擬教室中成長

對許多讀者而言，「教室」這個詞事實上可能根本不存在，因為你的教室很可能是任何可以接收到無線網路的地方。

以往「遠距離教學」代表函授課程，從一開始是錄製授課內容的卡帶，到後來以相對粗糙的技術重製授課內容的CD或DVD。不是很久以前，全世界還只有鳳凰城大學（University of Phoenix）與柏克萊學院（Berkeley College）這類聲譽卓著的大學提供線上教學，而其他的線上大學若非課程令人質疑，要不就是用文憑騙錢的野雞學校。

然而，在過去十年間，由於電腦的普及與網路急遽進化，遠距離學習的本質以及可供選擇的方式，出現了翻天覆地的變化。在今日，從史丹佛大學、加州大學洛杉磯分校，到常春藤聯盟等數百所重要大學，都可以讓你自由選課，有些系所提供的碩、博士學位，甚至完全不用學生踏足校區，也不必與教授親自會面或親自走進教室上課。

各種規模的虛擬課程都有，譬如大規模開放式線上課程（MOOCs）的規模就非常大。這類線上課程可以要求所有學生在同一時間上課，也可以由學生選擇他們決定的任何時間，透過網路取得授課內容。

這些課程會仿效傳統教學，有指定的上課日期與時間，也可能讓學生依照自己的時間隨時開始或終止任何一堂課（或整個課程），以及自行決定完成課程的期限，從幾週到幾個月都可以。

只要能讓學生有更多的機會、更簡易的方式接受教育，我都舉雙手贊成。如果這類的虛擬課程，甚至完整的文憑課程，是你達成教育目標的最佳或唯一方式，我鼓勵你盡量利用。只不過有一件事要提醒，在這種自發的環境下，你必須確定自己擁有自律的能力。

不論課堂型態為何，即使是虛擬課程，上課所必須具備的技巧與能力，一樣都不能少。

認識自己的老師

你應該花些時間瞭解自己的老師屬於哪一種類型，包括他們的喜惡、偏好、風格，以及對學生的期待等等。不論課程型態為何，課程的準備將根據老師的要求而大不相同。

就以課堂發問這件簡單的事情為例。我非常鼓勵大家在不瞭解授課內容重點時，舉手發問。有些老師會自信地回應學生隨時拋出來的問題，但有些老師喜歡學生把問題留到課後再提出來，還有一些老師根本不鼓勵學生發問（或不鼓勵師生間的任何互動）。弄清楚每位老師對於發問的偏好，照著他們的方式做。

不論學生在上課前對於老師授課內容的理解有多少，一旦開始自由討論，有些老師會擔心討論失控，偏離課程主題，他們或許仍會鼓勵學生討論，但總是會把討論方向導回原訂的路徑（課程計畫）；另外有些老師則喜歡學生熱烈地討論，在這種課堂上你永遠都不知道接下來會發生什麼事。

如果你曾經上過同一位老師的課，你應該很清楚他的教學風格，也更能夠積極地參與課堂討論，但千萬別踩到老師的底線。

如果授課老師是屬於那種喜歡熱烈討論的人，那麼光是預習課本內容是不夠的，你必須加強對概念的理解、詮釋、分析，以及如何把這些內容運用在書本沒有提及的實際情況或問題上。

有些老師的授課內容只是照著課本走（最糟的情況），有些則是課本內容解釋加上問題討論，以及針對學生可能有疑問的部分加以說明（最佳的情況）。還有些老師則是以課本或其他指定參考內容為基準，課程設計則涵蓋不少課本上沒有提到的重點，因此學生除了記憶，還必須懂得舉例、解釋書中概念。

大多數老師與教授的目標可能都一樣：教導你如何思考，以及學會他們所教授的學科知識，或許還有如何以你自己的方法運用這些知識。

- 數學或科學課程重視的是，將所學應用至特定問題上的能力。
- 英文等課程著重的是，分析與詮釋作品的能力，當然，「正確性」很重要。

不論你面臨什麼樣的授課方式，尤其你很可能必須面對一種或多種不同的學科類型，都可以應用本章的應對技能。每一個好老師都會針對不同班級擬訂不同的教學計畫：要強調哪些重點、要花多少時間檢討作業與複習、要指定學生參考哪些內容，以及有多少時間讓學生提問。

依據每位老師的授課重點，採用不同的筆記策略，是讀好書的關鍵。為什麼有些學生似乎總是知道哪些內容是重點？他們是如何找出「必考」的資料？

這些聰明的學生其實都知道，任何課堂討論的東西，都可以歸類為四種不同的範疇：

- 沒有涵蓋在課本或其他指定閱讀內容中的知識。
- 課文中有提供解釋但依舊難以理解的艱深內容。

- 進一步解釋概念、過程或問題的範例。
- 理解授課內容所需的背景知識。

當你在聽老師講課時，試著想想他正在說的內容屬於上列哪個範疇，這麼做可以幫助你決定要怎麼做筆記，以及要記到多詳細。

老師也是人，當然會受到各種影響。儘管你不需要諂媚，但下課後別急著走，去跟老師聊聊，都是讓老師留下好印象的簡單方法。如果老師指定了任何可以加分的作業，請做那些作業；就算你交不出多好的成品，仍可以讓你多拿兩分。

上課前的準備

一般來說，在你走進教室（或打開電腦）坐下來前，應該做好下列準備。

仔細閱讀課程大綱

除了授課大綱，還有老師在上課第一天發下來或公告在網路上的課程資料。

一份大學課程的標準課綱可能會包括：

- 課程編號、上課地點與上課時間
- 講師資料（姓名、電話、電子郵箱、辦公時間）
- 必讀的課本與教材
- 補充（選擇性）資料與教材
- 正式的課程描述，包括先修科目
- 學習目標
- 相關規定，包括出席率、手機以及其他政策
- 課堂運作的詳細說明
- 評分標準，包括測驗、報告以及課堂參與的評分比重

教授都認為學生應該很清楚他們必須詳讀課程規定，並絕對不會在課堂上逾越分際。所以當你無法遵照規定交作業或做報告，或者忘記何時舉行考試，老師通常不歡迎也不太會接受任何理由。

完成所有的作業

不論老師的教學風格或授課方式為何，幾乎所有的課程都會指定一本（或更

多）上課用書。雖然課本內容所解釋或涵蓋的主題，與老師講解的方法可能有所差異，但課本仍是課程的基礎及學習的關鍵。上課前一定要熟讀課本以及其他指定參考書。

也許有時候你會覺得自己就算不做課前預習，也混得過去，特別是那種以講課為主的課程，因為你知道被老師點名回答問題的機會微乎其微。然而，我之所以強調一定要事先閱讀指定讀物，絕非只是為了應付老師的提問。更遑論老師如果突然決定來個隨堂考，沒準備必定手足無措。我就曾碰過這樣的狀況。對於毫無準備的人來說，那絕對不是愉快的經驗。

我之所以強調要預習，是因為如果你無法分辨什麼是課本的內容、什麼是老師增補的知識，你就不知道該怎麼做筆記，本來只需要在課本上畫線的重點，你可能會十萬火急全抄下來。甚且，對於老師的解說，你也難以評估哪些部分是相對重要的。

上小組討論課時，若沒有預讀，不知道討論內容，要如何參與討論呢？我認為世上最恐怖的感覺，莫過於坐在教室裡，明知道老師早晚都會叫到自己，但你對課程內容卻一無所知。

記住，完成指定的閱讀作業，不僅是要看完主要的課文，還要閱讀老師指定的其他書籍、論文或講義。另外，完成作業的意思也包含完成所有指定的非閱讀作業，包括交報告、準備論文題目，或提出口頭報告。

當然，做作業很重要，但交作業是關鍵的第二步！我女兒念小學時總是少根筋，不是忘了把做好的功課放進書包，就是忘在書包裡沒交出去。我的解決方法是替她準備一個紅色的資料夾，上面寫著「功課」，她每做完一份作業就立刻把它放入資料夾裡。睡前她必須把這個資料夾放在自己絕對不會忘記的地方——書包上。然後，每堂課上課前，她都要拿出資料夾，看看有沒有作業要交。有時候最簡單的辦法最有效。

複習筆記與準備問題

老師通常會從上一堂課結束的地方開始講解或討論。除非你檢查自己的筆記，否則很可能不記得上次教到哪裡。

針對自己一直搞不清楚的問題，上課是找出解答的機會。在課前先準備好自己的問題，上課時就能夠隨時留意答案，對於老師沒有講到的部分另做提問。

態度要正確

不要低估上課的心態。若你希望得到最大的學習效果、從課堂上收穫最多的學科知識，關鍵就在於你準備付出多少心力參與學習。若你只是被動吸收資訊，即使複習準備得再充分也不夠。學習需要你積極參與過程中的每一個階段。

課堂上應有的表現

你必須瞭解自己擅長什麼，以及在什麼樣的情況下會有最好的學習表現。回到本書的第一、二章，複習一下你的學習技能表。專注改善你向來感到傷腦筋的課程。

坐在教室前面

就算你不想要坐在最前排，我還是建議你盡可能選擇靠近老師講課位置的座位，以降低分神的可能性。

離老師越遠的座位，通常越聽不清楚。坐在教室後頭，代表你的前面會有很多顆動來動去的腦袋，以及許多個望著窗外、盯著手機的同儕，你很難不受影響。

坐在教室前方有許多好處。首先，你可以讓老師留下好的第一印象，因為你很可能是唯一坐在前排的學生。老師可以感受到你在這裡是為了聽課、學習知識，而非僅僅坐著應付點名。

你還可以清楚聽到老師的授課內容，而老師也能清楚聽到你的提問或回答。而且坐在老師的眼下，可以確保你的雙眼不會亂瞄，腦子和眼睛一起專注在授課的內容。聽從上述建議，也可以讓你從後門偷溜蹺課的難度增加許多！

小心那些會讓你分心的同學

班上的同學可以是你的死黨、令人愉快的飯友，或逗你開心的室友，但若上課時坐在他們旁邊，有些個人習慣及特質可能會讓你分心。

愛說話、打瞌睡、傳紙條等等可能僅是少數會在數學老師講解歐幾里德時，打亂你專心聽課的行為。上課時盡量避開這些會影響你的同儕。

注意言詞的線索

要能夠找出有價值的資訊，你必須懂得分辨魚目與珍珠，找出哪些內容應該記在筆記裡、哪些可以加以省略。你可以聽老師說了什麼，再觀察老師的肢體語言，分辨授課內容的重要性。

當然，並非每個老師都會提供這樣的線索。但確實許多老師常會在授課過程中暗示重點，譬如停頓、重複某些內容、放慢平常連珠砲似的講話速度、改變音調，或者說「我覺得這個部分很重要」或「這個一定會考」之類的話。

另外，還有許多暗示重點資料的用詞，譬如「首先」、「最重要的」、「因此」、「所以」、「簡而言之」、「另一方面」、「相反的」、「下列幾個因素（或原因、影響、決定、事實）」。

這類詞句除了是筆記重點，還提供了理解脈絡，包括列舉（「第一」、「下列原因」）、建立因果關係（「因此」、「結果」）、找出相反或替代事物（「另一方面」、「相反的」）、表示結論（「因此」、「總而言之」），以及提供解釋與定義。

注意非言語的線索

研究顯示，溝通其實只有一小部分是藉由語言傳達。當我們和其他人說話時，接收到的大量資訊都是來自於身體語言、臉部表情及音調。

大多數的老師在課堂中都會興之所至轉換話題，說些與授課內容沒有太大關連的事。這類離題的內容有些確實非常重要，除非你已經很瞭解授課老師，否則難有能力分辨哪些內容重要，哪些是不重要的。這時候，身體語言可能就是你的線索。如果老師開始望著窗外，或者眼神呆滯，他所傳達的訊息很明確：「現在講的東西不會出現在考試裡。」

話說回來，如果老師說話時手勢誇張，又直視學生，那麼他所傳達的信號也很清楚：「我正在講重點。」

提問

千萬不要每隔一分半鐘就舉手發問或回答問題。當一個積極的聽眾，你要先問問自己，是否理解討論的所有內容。如果沒弄懂，在適當的時機提問，或先寫下你的問題。

對於老師講解的內容，試著自己做出結論。思考學習主題，以及這個主題與指定閱讀的內容、其他你已經理解的事實之間的關連性。

筆記要清楚簡潔

我相信你一定注意到了，在課堂上，有些人始終埋首苦做筆記，有些人整堂課可能只寫下兩行字，而多數人則介於兩者之間。

埋頭苦幹的那些人，若非正在寫信給遠方的朋友，就是完全不知道重點在哪裡。這就是俗話說的見樹不見林，他們的課本中可能每一個字都畫了線，或被標示為重點。

幾乎完全不做筆記的人，也許會在老師說「把這個寫下來」時，振作一下精神，但其他時候可能處於昏迷狀態。到了要準備考試時，你會看到這些同學冷汗直冒，因為他們沒有好的筆記，只能心急如焚翻閱所有的考試範圍。

製作簡潔清楚的課堂筆記，首先且最重的是，培養分辨的能力，判斷重要與不必要的資訊，找出並保留關鍵的概念、事實與想法。要具備這樣的能力，需要仔細聆聽老師在說什麼，寫下有助於理解某個概念的重點。對某些人而言，重點或許只有一個句子，但對其他人來說，也許需要更詳細的範例。

記住，筆記做得好不好，通常與筆記內容的多寡無關。三行就說明核心概念的重點，遠比長篇大論的資訊寶貴得多。

即使你發現自己正無助地漂流在老師的橫飛口沫中，完全不知老師所云，也根本無處分辨哪些是值得記下的重要內容，哪些是毫無意義的長篇大論，你依然可以利用本章所說的方法組織與濃縮筆記。

學習擇善固執

你知道英國的首都、水的化學式，也知道《老人與海》（*The Old Man and the Sea*）的作者是海明威。那麼為什麼還要浪費時間把這些東西寫下來？

老師之所以講述大家已經都知道的東西，可能是為了替接下來討論的內容鋪設背景，也可能是為了引出較難的知識。不要只是無意識地抄下日期、單字、名詞、公式或名字這些你已經知道的資訊。這樣做只是在浪費時間；不但浪費課堂時間，也把課後複習的時間浪費在這些過於仔細的筆記內容。

這就是為什麼有些專家會建議你帶著預習時做的筆記，或畫了重點的課本，在課堂上進行資料補充。記住，製作有效的筆記，需要五項行動：

- 主動聆聽
- 選擇有關連的資訊
- 簡化
- 分類／組織
- 課後加以詮釋

培養速記的能力

若你想要製作筆記的過程流暢快速，不一定得要成為速記高手。以下是五種簡化英文筆記的方式：

刪除母音。就像一個曾經在紐約地鐵裡無所不在的標示，「If u cn rd ths, u cn gt a gd jb.」（If you can read this, you can get a good job. 如果你看得懂這則訊息，一定可以找到滿意的工作。）我們可以再加上一句「u cn b a btr stdnt.」（you can be a brilliant student. 你可以成為優秀的學生。）

善用字首以及其他容易記住的縮寫，例如「rep」是representative（代表）、「Dem」是Democrate（民主黨）。每個縮寫字後面不用再加句點！

利用標準符號取代文字。下表中的符號可以協助簡化筆記，或許你發現了某些符號源於數學與邏輯符號：

≈	大概	>	大於
→	導致	=	相等於
←	原因／由於	↑	增加
+	以及、另外	↓	減少
*	最重要	esp	特別是
cf	相較、相比、有關	Δ	變更
ff	接下來	⊂	因此斷定
<	小於	∴	所以

依據你的需要，創造屬於自己的符號與縮寫。以下就是三種可以一再使用的

符號：

Ⓦ代表「怎麼回事？」，使用方式如「那是什麼意思啊？」「老師到底在說什麼？」或「到底發生什麼事了？我怎麼完全聽不懂！」這個符號意味著不懂的部分。記得在這個符號後面留下足夠的空間，以便於課後填入你漏掉的內容。

Ⓜ代表「我自己的想法」。我通常用這個符號區隔自己的想法與老師的授課內容。

Ⓣ代表「考試」。意思是「這段內容絕對會出現在考卷上，別忘了複習！」

你可以發明不同的符號或縮寫因應不同的課程。化學科的「TD」代表熱力學（thermodynamics）、「K」代表氣體運動論（the Kinetic Theory of Gases）、「BL」是波以耳定律（Boyle's Law）。歷史課的「GW」代表美國國父喬治・華盛頓（George Washington）、「FR」代表法國大革命（the French Revolution）。該如何維持符號與縮寫的一致性？在每個學科的筆記本（或檔案）第一頁製作一張表，詳列所有你打算使用的縮寫與符號。

你也可以選擇少用縮寫，但不論你使用哪種方式，都要確保不忘初衷：用心聽老師上課的內容，不要只是瘋狂抄下老師說的每一句話。

康乃爾筆記法

這是許多大學生都學過的著名筆記法。如果這種方法對你有效，善用之。

一開始，先在紙上距離左邊頁緣約五到七公分的地方畫一條直線，把課堂筆記抄寫在線的右邊。

在課堂上，就按照自己平常的方式做筆記，包括分段、大綱或速記法。

課後重讀筆記，將內容濃縮成可以幫助記憶重點的關鍵字詞，然後把這些關鍵字詞或短句，寫到直線的左邊。

一旦你熟悉這種方法以後，你會發現考前複習時，只要研讀直線左邊的精要內容就可以了。

即使你偏好使用筆電或平板製作課堂筆記，加入這種筆記方法也不會有任何問題。

積極參與每堂課

在許多非講課型態的課堂上，老師都積極鼓勵學生們參與討論，其中大多以問答的方式進行。這種對話模式一方面可以確認學生對課程內容的理解程度，另一方面也可以找出需要加強的地方。

盡可能參與所有討論。大多數的老師都會把課堂參與視為學期成績的評分要素。不論你有多少報告拿到Ａ、多少考試得高分，如果你在課堂上從不開口，那麼期末成績拿不到Ａ，應該不會太意外。

如果你跟不上同學的討論，或無法理解某種概念，請老師再作解釋。根據老師的偏好與上課方式，提出你的問題。

要小心，不要因為急於分析某個你尚未瞭解的內容，甚或只是因為你不同意某個同學或老師說的東西，就忘了做筆記。把時間花在想要怎麼問好問題，也會讓你分心。這三種行為都會造成相同的後果：無暇聽課！

最後，仔細聽同學提出的論點，他們的意見、態度與看法，常常和老師的授課內容一樣有益。

萬一你個性害羞，只要老師一點到你的名字，就會手足無措，怎麼辦？以提問取代參與討論；提問要比發表意見簡單，而且說不定經過一段時間後，還可以幫助你打破限制，加入討論的行列。不過若你真的一開口就頭昏腦脹，不妨考慮去上上公開演講的課。

準備與練習很重要。害怕站在全班面前，甚至連坐在自己的座位上參與討論都有恐懼感，很多時候其實是一種缺乏自信的表現。而缺乏自信源於準備不足。準備得越充足，你會越有自信，甚至會想要舉手炫耀自己的滿腹學問。和父母、親友一起練習，通常也會有所幫助。

如果你總是無法做好口頭報告，請參見第八章。我相信那一章所提出的忠告，可以消除許多因為開口而帶來的恐懼。

課後要做什麼？

下課後立即複習自己的筆記，把空白或遺漏的地方補上，標示有疑問之處，尋找答案或留待下一堂課提問。另外，把所有新的指定作業或活動加到行事曆裡。

我並不贊成把重謄筆記當作一種練習，我認為一開始就做好筆記是更重要的，所以別浪費時間重寫一遍。然而，若你習慣速記，字跡又難以辨識，那麼重謄一遍讓筆記變得清晰易讀還說得過去。除此之外，你還可以藉此機會將筆記內容的重點摘要出來。筆記做得越好，記住以及回想起相關資料的機會也就越大。

若你是大學生，對安排課程有較高的自主性，我建議採「鬆緊交錯」的方式，亦即在每堂課後保留一段空白的時間，即使半個小時也好，複習上一堂課的筆記、預習下一堂課的內容。

就算你孜孜不倦地應用了本章的所有建議，如果你常常缺課也是枉然。所以，盡量別缺課！特別是接近學期末時，更要每堂課都到。老師有時候會利用最後一週的時間，複習整學期的內容、講解他們認為學生可能還搞不懂的問題，以及解答各種疑惑。很多學生會把握最後的機會，詢問期末考相關的問題，有些老師可能會願意透露一些細節。

如果你一定得缺課，記得事後向班上筆記做得最好的同學借筆記。有些教授可能願意借他們的筆記給學生，或將筆記公布在網路上。

CHAPTER 7

扎實的研究工夫

知識有兩種：一種是我們本來就知道的；另一種是我們清楚在哪裡可以找到資料。

——英國作家山繆．詹森Samuel Johnson

不論你目前正在中學或大學就讀，幾乎每一門學科都會要求你準備書面報告或口報報告；科學類的則是實驗報告。

本章的內容涵蓋了準備任何書面或口頭報告時必須遵循的一般規則、如何在圖書館或網路上搜尋資料，以及在實際下筆撰寫報告之前需要完成的步驟。

我會在第八章談到如何把詳細的研究資料，轉化成條理清楚、文筆流暢、表達完整的期末報告或口頭報告。閱讀這兩章也許無法讓你成為搖筆桿維生的作家，時不時出沒在書店間，洋洋得意於榜上自己的新書。

然而，一旦瞭解並遵循這兩章介紹的簡單步驟與規則，完成令你自己滿意的報告，那麼不論是書面或口頭報告，你都再也沒有害怕與逃避的理由。而且你要知道，製作一份報告，百分之九十的工作與寫作、甚至寫作能力無關。一旦遵循我的建議，對報告準備工作有滿滿的自信，即使你自認作文程度蹩腳，仍有可能拿到比以前更好的成績。

為了製作報告而進行研究準備，是非常耗時耗力的事，但投資報酬率也很高，你可以學到：

・如何依據主題搜尋資料。

- 如何將蒐集到的資料分門別類，發展出自己的論點。
- 如何準備一篇條理分明、有深度的報告。
- 如何有效、清楚地表達自己的想法。

透過撰寫研究報告而學到的技能，是你在學校所能學到的最珍貴的能力之一。一旦培養出這樣的技能，便可以應用在所有學科上。這樣的技能不但對準備研究報告有用，對解決短篇報告、讀書報告或實驗報告這類規模較小的功課，也有極大的助益。

畢業後，這份技能同樣可以協助你在職場中有好的表現。不論你選擇哪行哪業，分析主題並且用清楚簡潔的文字加以表達，都是非常有價值的能力。

做報告的五項基本原則

我們先從你應該謹記在心的基本原則開始：

▼永遠遵照老師的規定。

- 準時交報告。
- 提交的報告要保持乾淨整齊。
- 任何交出去的報告，你自己一定要留存一份。
- 報告中絕不能有錯字或文法錯誤出現。

遵守報告的形式要求

老師對於報告的要求包括：學生要根據課程主題的範圍，從中自行決定報告主題，如「某項最高法院的裁定」、「一篇愛倫坡的短篇故事」或「牛頓定律」；特定的格式規定；建議的篇幅；建議採取的寫作格式，諸如註釋、引用或參考文獻等等。

不論老師規定了什麼，一定要遵守。如果你未依照老師的規定撰寫報告，有些中學老師可能還會好心放你過關，但我認識一些大學教授，只要學生未按照他們的規定準備，就會拒收報告，有些可憐的學生最後還被當掉。

當然，有時候你也會碰到對報告的格式或形式要求較少，或根本沒有要求的老師。當你詢問「報告要幾頁」，而老師回答「該有幾頁就是幾頁」時，你得依常識判斷。如果你是中學生，老師要的應該不會是一篇五十頁的畢業論文；對大學教授而言，一份三頁的報告，外加很寬的頁緣，恐怕也不是他們會接受的。建議以之前的作業作為判斷依據。

如果你實在不確定某項規定，抑或不清楚老師建議的報告範圍，你有義務要去找老師弄清楚所有疑惑。如果老師指定的範圍不夠明確，選定兩、三個你想寫的題目，事先徵求老師的同意，也不失為一個解決方式。

任何藉口都不應該

除非重大疾病或威脅到生命的緊急事件，否則沒有任何理由可以遲交作業。再次提醒各位，有些老師會拒絕接受遲到的報告。最好的情況是，老師對於遲交採取扣分的方式，也許從九十分降到八十分或更低。若是事出有因且情有可原（譬如生病、親人過世等等），記得知會老師要求延期交報告。

報告呈現的方式很重要

一般而言，老師必須看很多學生的報告，倘若他們在讀了成千上百頁的報告後，突然看到你用鉛筆寫的報告，不但紙頁皺巴巴，上頭還有咖啡漬，那麼你也很難責怪他們看不下去。如果老師因為你的成品賣相不佳，而沒有給你應得的分數，你也不用太意外。

誠然，老師在乎的確實是報告內容，也應該根據學生所寫的內容評分。然而，報告呈現的方式也很重要，以下是一些建議：

- ✓絕對不要用手寫。
- ✓確保打字列印的每一頁都乾淨清楚。
- ✓除非另有規定，否則報告盡量採取雙行間距，四個邊都要留下適當的空間（但不要太空）。
- ✓設定清楚易讀的字級大小；避免會讓報告多出五或十頁的大字，也不要小到讓人根本看不清楚。
- ✓不要使用花俏的斜體字、現代體或其他不易讀的字體來呈現通篇報告。

舊報告可以告訴你什麼？

老師發回的報告上，應該會有許多對你有所幫助的評語，所以留下那些報告很重要。老師都給了些什麼評語？評語指出的問題是否已經改善，諸如文法錯誤、結構紊亂、研究資料不足、段落之間缺乏連貫性、錯字？這類的評語越多，不意外的分數也會越低。但上一篇報告的評語，可以作為下一份報告的「地圖」，它們正在告訴你如何找到九十八分的位置。

如果你的前一篇報告分數很低，但又沒有任何評語，建議你去請教老師原因。你或許可以因此得到讓下一份報告有所進步的意見，還有可能因為負責的態度，而幫自己爭取到額外的加分。

不要期待老師對於文法錯誤或錯字有多高的容忍度，有些老師就算知道報告的內容很不錯，也會因為這些寫作瑕疵而給出不好的分數。你若錯把「劉備」寫成「流被」，或忘記英文動詞時態，那就太糟糕了。

如何進行研究

任何研究計畫都是從最廣泛的綱要或題目著手（資料來源也最多），然後慢慢縮小範圍，讓主題與資料來源越來越聚焦。

百科全書是最全面也最簡潔的資料來源。由於百科全書裡的資料範圍涵蓋許多領域，內容相對而言也算跟得上時代，所以通常被視為理想的入門資料。但要記得，百科全書只是起點，大多數的老師都不會接受學生直接引用維基百科的內容，也無法容忍所有的參考資料都出自某本百科全書或內容有疑慮的網站。

下一步，你可以參考特定主題的百科全書。各種你可以想像得到的議題，幾乎都有大量資料可供查詢：基督教全書、古生物全書、文藝復興全書、沙漠百科、菸草百科、護理史全書、牛津食品指南。

如果你的報告主題與歷史人物或當代人物有關，可以參考人物傳略辭典或名人錄的某一輯冊。從藝術名人錄、美國珠寶界名人錄、劇場名人錄到越南名人錄，名人錄全庫的涵蓋範圍極廣。

此外，各種參考網站不斷竄出，著手進階研究前，這些流通的資訊可以讓你的選題、架構、勾勒初稿等工作，越來越輕鬆。然而，要完成一篇好的報告，還需要搜尋其他資訊來源，找到更細部的資料。你必須針對研究的領域，閱讀專家撰寫的書籍，以及各種與主題相關的雜誌、報紙與期刊。文宣刊物、論文集、簡介、官方文件、電影、錄影帶等，都是可能的資料來源。

評估資料來源

或許可用的資料太多了，你根本沒有時間全部看完。把焦點放在那些最近才發表或最具權威性的資料來源，但也不要過於自我設限。收集資料的範圍要廣，否則你可能只看到特定的層面。

通常資料來源有兩種：**原始資料**與**二手資料**。

原始資料指的是那些由事件目擊者或參與者所撰寫的資料。當你閱讀某位科學家的報告，而報告內容是根據他自己所進行的實驗所寫成，那就是原始資料。

二手資料指的是那些並未實際出現在事件現場，但對該議題做過研究的人所寫出來的東西。當你閱讀一本有關一九五〇年代的書，而作者是在一九六〇年出生，該資訊就是二手資料。

原始資料應該是較可信的，但實際狀況仍需視你的主題而定，也許根本沒有任何與你的主題相關的原始資料。

到哪兒去找資料？

要怎麼搜尋是否有人發表過和你報告主題相關的文章？要如何知道是否有任何官方文件或出版刊物可能對你的報告有幫助？該如何找到由專家撰寫的參考書籍？

除了利用網路的搜尋引擎，你也可以上圖書館網站，或直接到附近的公共圖書館或學校圖書館，查閱出版書目，上頭會詳列所有已出版及圖書館收藏的論文、書籍及刊物。

圖書館的書目編定

許多圖書館為了讓讀者更便於利用館藏，都已經升級數位化，將曾經列在索引卡上的資料全面上線，方便讀者以主題、作者與書名做搜尋。各種資料庫、專案計畫與應用程式，取代了報紙微縮片、專題剪報，以及曾經讓參考室書滿為患的許多百科全書。

為了提供系統化管理與提升使用便利性，大多數小型與學術型圖書館，都採用杜威十進分類法（Dewey Decimal Classification System），亦即利用000到999的數字，將所有資料依照主題分類。一開始，這套系統將所有的書籍分成十種主要類別：

000–099 總論

100–199 哲學

200–299 宗教

300–399 社會科學

400–499 語言

500–599 自然科學與數學

600–699 科技

700–799 藝術

800–899 文學

900–999 地理與歷史

有鑑於主要圖書館動輒數百萬冊的藏書，僅依此分類要找到某本特定的書，仍有相當困難。因此專家們在十個大分類下，又各自細分成十個類別。這一百個類別便有了更明確的主題。舉例來說，在哲學分類（100）下，150是心理學，而170是倫理學。在歷史分類（900）下，910是旅遊史，930是上古史。

這套系統還有更細的分類。數學在500（科學）的分類中有專屬的號碼510，而數學分類下還有更明確的主題：511是算數、512是代數等等。

最後，杜威十進分類碼的最後兩碼，變成了書籍類型的標示：

01哲理類

02概述類

03字典類

04論文類

05期刊類

06社會交易與程序類

07研究或教材類

08合集類

09歷史類

如果某個圖書館不是以杜威十進分類法管理，可能是採用國會圖書館分類法（Library of Congress System）。這套系統用字母而非數字來做分類：

A 一般書籍（百科全書與其他參考資料）

B 哲學、心理學與宗教

C 歷史：相關科學（考古學、系譜學等等）

D 歷史：一般歷史、非美國歷史

E 美國歷史（一般史）

F 美國歷史（地方史）

G 地理學／人類學

H 社會科學（社會學、商業、經濟）

J 政治科學

K 法律

L 教育

M 音樂

N 美術（藝術與建築）
P 語言／文學
Q 科學
R 醫學
S 農業
T 科技
U 軍事科學
V 海軍科學
Z 傳記／圖書館科學

網路研究

網路上充斥大量的資訊，很容易就會讓人覺得無所適從。當你翻遍了圖書館都找不到與研究主題有關的參考書時，突然發現某個冷僻的網站上有你需要的資料，確實令人振奮。然而，我認為若絕大多數的研究工作都靠網路完成，浪費的時間會多過於真正有效率的時間。因為進行網路搜尋時，偏離主題的機會實在太高了。

大多數以研究資料為導向的網站，雖然不會每天更新基本的資訊內容，但以完全相同的關鍵字做搜尋，相隔兩天（或利用兩種不一樣的搜尋引擎）所出現的搜尋結果可能南轅北轍。你需要的資訊很可能在下次搜尋時已經遭到刪除。因此，如果你真的在網路上找到非常好的資料，請先下載並儲存在你的電腦裡或印出來。

亞馬遜以及其他網路書店會列出許多即將出版的新書，時間遠早於圖書館訂購、編列目錄與上架（或提供電子書）。許多這類的網站現在都標榜可提供書籍內容的搜尋，從目錄到五十頁或更多的內容摘要。這些資訊可以幫你粗略地瞭解一本書是否與你的報告主題相關。

本書沒有足夠的篇幅列出這類相關的網站，但不論使用哪個網站，切記：

- 有些網站的資訊豐富且架構分明，有些卻雜亂無章且內容貧乏。
- 有些網站的資訊經過用心考證，值得信賴，有些則充滿錯誤訊息。
- 有些網站提供公正的資訊，不帶任何動機，有些卻為了讓你接受他們的立場，刻意提供偏頗的訊息。還有些網站提供資訊的目的，只是為了引誘你購物。

• 有些網站非常實用，有些則需要進階搜尋才能找到所需的資訊。

• 有些網站可能在你想要再次瀏覽時就消失了。

• 有些網站是免費使用，有些得花一點錢，有些甚至收費昂貴。使用付費網站前，一定要弄清楚收費規定。

就算網路資源無限寬廣又深具意義，磚瓦建造的圖書館也絕不是恐龍怪獸。就算你已經可以透過網路造訪世上任何圖書館，不代表沒有必要認識圖書館的運作。透過網路完成作業，其實未必比親自探索更有趣、更有效或更令人愉悅。

報告寫作法

現在我們來談談要製作出絕妙的報告、簡報或演講稿時，該採取的必要步驟。工作的複雜度越高或完成的時間越長，組織能力就越重要。一旦將計畫拆解成一系列可以管理的步驟，就能讓人感覺不再那麼毫無頭緒、焦慮或恐懼。

下列這些步驟，只要在過程中做一些細部修正，就可以適用所有的書面報告：

一、搜尋可能的報告主題。

二、決定報告題目。
三、開始初步研究。
四、建立一般架構。
五、進行細部研究。
六、提出更詳細的綱要。
七、撰寫初稿。
八、若有必要，進行更多的研究。
九、重新撰寫草稿（不斷重寫）。
十、確認參考書目。
十一、檢查錯字與文法。
十二、找他人協助校對。
十三、提出最後一版的內容。
十四、最後校對。
十五、把報告交出去，準備拿高分吧。
本章將針對前五個步驟，先做進一步的說明。

建立工作計畫

想要有效率地進行上述工作，達到預期效果，你需要謹慎地安排時間與做計畫，因為學期中的功課或報告絕對不只一份。

拿出你的行事曆，圈出交報告的日期。在那天之前，你還有多少時間？四週？五週？十週？把這段時間的一半或四分之三用來做研究，剩下的時間專攻寫作。每週都要排定幾個時段進行報告，盡量規畫較長的時段，可能的話每次至少兩到三個小時。不要安排多個短時段，否則你可能每次都得花時間回想上次做到哪裡，甚至得重複某些步驟。

擬訂工作計畫時，每項步驟都要設定完成的時間。要查閱至少六個不同資料來源，並製作筆記。（老師或特定學科要求的資料來源可能更多。）另外，在最後定稿前，至少要提出兩到三版的草稿。

經常檢視工作計畫表，發現進度落後時要趕緊調整速度。

第一、二步：尋找與決定報告題目

有時候老師會指定主題，但有時候他們只會訂出一般的學習範圍，讓學生自行選擇報告主題。

這時候你必須懂得避開一些陷阱。假設你要寫一份十二頁的報告，而你決定的題目是「美國歷史上殘障相關法令的制訂」。你真的有辦法在十二頁的篇幅內，涵蓋這樣廣泛的主題嗎？很難。光是這一個題目就可以寫出好幾本書了（真的有人以此為題出版）。

所以，你應該做的是，在這個大題目下，聚焦於一個具體的小範圍，譬如：美國身心障礙法（Americans With Disabilities Act）的立法過程。以此為題的報告，可能較符合國中或高中程度。經過初步的資料研究後，或許你會覺得這個題目的範圍還是太廣了，有必要進一步限縮。

然而，若是選擇一個範圍太狹隘的報告題目，可能寫到第二頁就已經無話可說了。「查普曼修正案」（the Chapman Amendment）這個題目，或許可以成就一篇三到四頁的精彩報告，但若要寫出十或十五頁的內容，就算你用十四級的字，也不太可能頁頁言之有物。

針對報告主題，一定要掌握足夠的資料以及不同的資料出處，才能綜觀多方面的看法，而不是被迫在缺乏資訊的情況下，重述他人的觀點。

如果你選擇的報告題目太冷門，可能根本找不到相關資料，或只能找到有限資訊。這麼一來，要完成報告，你只能自己做實驗，或對研究主題進行實際採訪，建立自己的資料庫。只不過我想多數學生應該沒有時間，也沒有足夠的經驗採取這種研究方式。

把上述所有情況都列入考量，思考可選擇的報告主題。不要想到什麼題目就立刻決定，先找出幾個不同的可能性。另外，有沒有可能以相同的資料，同時準備兩、三份不同的報告？不同科目繳交同一份報告的做法並不可行，但多花一點研究的時間，或許可以把第一份報告的大部分研究，當成第二份報告的基本資料。這是將研究成果最大化的好方法！

第三步：開始初步研究

定好主題了嗎？下一步是上圖書館。你需要做一些進階研究。把圖書館的書目索引與《期刊文獻讀者指南》或其他出版品目錄瀏覽一遍。看看有多少書或論文與你列出來的可能主題相關。下一步，針對每一個可能的報告主題，閱讀一篇簡短的背景說明或百科全書中的解釋。

或者，你也可以花一點時間上網搜尋。是否有特定的網站在討論相關主題？抑或關鍵字搜尋雖然出現了十萬四千四百二十四筆搜尋結果，但大多與你的主題無關？只要不是倒楣透頂，主題清單上至少會有一個題目可以查到不少資料。如果有兩個以上的主題都通過了研究資料的初步檢驗，選擇你最感興趣的那個題目。做報告得花時間，盡量讓自己可以樂在其中！

發展出暫時性的命題

一旦決定了報告主題，你必須先發展出一套暫時性的命題。「命題」（thesis）與「假設」相關，亦即你將在報告中證明或反證的主要論點。命題與報告主題不同。報告主題是你要研究的內容，而命題則是你從研究中推導出的結論。而所謂論點，是用一、兩句話總結你的報告重點。

注意，我說的是暫時性的命題，因為這個命題很可能並不是你的最終結論。

由於你尚未完成所有的研究，所以在這個階段只能提出最佳猜測的命題。

如果你想不出暫時性的命題（的確不太容易），放輕鬆做些腦力激盪。以類似下列的問題自問：（空白處請填入你的報告主題）

- ＿＿＿有什麼特殊或不一樣的地方？
- ＿＿＿與過去的事件有什麼關係？
- ＿＿＿對社會造成什麼樣的影響？
- 我對＿＿＿有什麼樣的問題？

在初期研究的階段，你可能會發現原本提出的暫時性命題根本不成立。在過程中，你可能需要修正、甚至接受一個完全相反的命題！事實上，在整個研究的過程中，你通常得要多次修改自己的命題。

第四步：建立一般架構

發展出暫時性的命題後，思考一下該如何切入主題？先寫下你計畫探討的各項議題，建立一份簡單的初步架構，列出你想討論的議題順序。

先別太在意架構的長短或內容，不過架構本來就應該簡短一點。這個架構只是研究的一個起點、一個進攻計畫。對於組織整個研究結果，研究架構可以發揮極大的效用。

第五步：進行細部研究

前面已經概述了圖書館與網路的資源，也談過如何善用這些資源。現在我們來談一談如何正確地理解你蒐集到的一切資料。

要確實理解這些研究資料，你要做兩件事。首先，為每一項資料來源建立一個書目卡。接著，將書目卡上的資訊製成一份清單；這份清單就是你的工作書目。這兩個步驟可以幫助你以有組織、有效率的方式進行研究，而且可以簡化最後的參考書目的準備工作。

想要建立自己的工作書目，你需要準備許多7.5公分×12.5公分的索引卡。三百張應該夠用。當你發現某本書、某篇文章、某個網站或其他資料來源，看起來可能和你的報告主題相關時，拿出一張空白的索引卡，在卡片正面寫下以下的資訊：

卡片右上角：若資料有編目號碼（杜威十進分類碼），請寫下來。或者寫下完整的網址。另外則是所有能幫你在圖書館書架上找到這個資料的細節，譬如

「科學閱讀室」或「參考室」。

卡片主要部分：寫下作者姓名。若這篇文章有標題，也抄下來。記下書籍、雜誌、報紙或其他出版品的名稱。把所有要再度找到這本書或文章時必要的細節一併記上，譬如出版日期、版次、冊數、期刊編號、文章或資料出現的頁碼等等。

卡片左上角：寫上卡片編號。第一張卡是1，第二張2，以此類推。如果你不小心弄亂了秩序也無須擔心。重要的是，每張卡都有不同的編號。

每一份可能用得到的資料來源都要製作索引卡，一張卡片代表一份資料來源。卡片上留些空白，以利日後增加資訊。

書籍的書目卡範例

1	315.6 大閱覽室
Spechler, Jay W. 《合理的住宿：遵行美國身心障礙法的益處》 （特別集中於54~61頁） 電腦書目卡 大學圖書館	

雜誌文章的書目卡範例

2　www.timeinc.com/pub/2003/index.html

Smolowe, Jill

〈高貴的目標，好壞參雜的結果〉

《時代雜誌》

（2003年7月31日出刊，54~55頁）

報紙社論的書目卡範例

3　www.nytimes/index/404/5.html

Wade, Betsy

〈充滿爭議的餐飲場所的無障礙通道〉

《紐約時報》

（2004年4月14日，第五版第四頁）

隨時做筆記

書目卡的作用就像是資訊庫的藏寶圖。拿出一疊卡片，找出卡片上標記的資料，在圖書館或家裡找個安靜的地方坐下來，開始工作。

現在你不必再搜尋各種資料，書目卡上已經幫你都做了紀錄。書目卡做得細心且完整是非常重要的事。該記下什麼資料呢？所有與報告主題，特別是與命題相關的資料，包括：一般性的背景資訊（姓名、日期、歷史資料等等）、研究數據、專家之言、技術性詞彙的定義。

接下來是製作筆記卡。開始製作筆記卡前，重新檢查書目卡上的資訊是否完整與正確。書名對不對？有沒有錯字？是否還有其他需要添加的資料？

把完成的書目卡放在一邊。拿出空白的卡片，把資料來源上的資訊轉為筆記。以下為製作筆記卡的要點：

- **一張卡片上只有一個概念、想法、引句或事實**。如果是一段很長的引句或一連串的資料，必要時可以寫在卡片的反面，但絕對不要用兩張卡片。

✔**用自己的話說**。摘出文句中的重點，或用自己的話重新闡述。盡量避免一字不漏地抄寫原文。

✔**把逐字抄錄的文字用引號加以標示**。在報告中加入他人寫的句子或段落，可以強調特定觀點（前提是這麼做的次數有限）。這樣的做法沒有問題，但你必須完整引用原文，每個字、逗點、句點都要一樣。除此之外，你必須將引用的段落用引號標示，並且清楚註明作者與出處。

每當你完成一張筆記卡時，要做下列幾件事：

✔在卡片的左上角寫下對應書目卡的資料編號（即書目卡左上角的編號）。這個號碼可以提醒你資料的出處。

✔在資料來源編號下，寫下資料出現的頁數。

✔拿出一開始的報告大綱，看看筆記卡上的資料是否與大綱中某個章節標題相關？用適當的章節編號或羅馬數字加註在筆記卡的右上角。若不確定這份資料與大綱中哪部分章節有關，在右上角畫個星號。之後設定更詳細的大綱時，可以再試著把這些未歸類的筆記卡納入特定章節。

▼在章節的字母或數字編號旁簡單寫下一、兩個字的小標，描述卡片上的資料內容。

▼完成筆記卡後，在對應的書目卡上做個記號，以便讓你知道這份資料來源的相關筆記已經完成。

將書目卡資料轉換成筆記卡的過程，必須確保資料的正確性。記得複核姓名、日期與其他的數據資料。你是否依照我的編排方式並不重要，重要的是你必須做法一致。資料來源編號、章節標題、重點等等，都必須用相同的方式，放在相同的位置。

在筆記製作的過程中，你或許會想要加上一些「個人」的筆記，簡要地寫下你對於報告主題或命題的想法、見解或感覺。

把這類的想法寫在不同的卡片上，一如製作其他資料來源的筆記卡。同樣的，在個人想法的筆記卡上也寫下對應的章節編號與小標。在填寫資料來源編號的地方，寫下你的姓名縮寫或其他符號，藉以提醒你，這個資料或想法的來源是你自己。

恭喜！如果你已經找到各種相關的資料來源，並從中摘要出數十（或數百）張筆記卡，接下來就可以動筆寫作了。

CHAPTER 8

寫出令人驚豔的報告

寫作和畫畫或音樂一樣，有取景的法則，也有光影的定律。你若天生就瞭解這些，很好。若非如此，努力學習，調整規則以符合自己的需求。

——知名小說家暨演員楚門．卡波提Truman Capote

研究工作已經做好了。即使你連一個字的草稿都還沒有動筆，但做完研究工作，表示至少一半、甚或四分之三的報告都已經完成了。

現在的工作應該是資料整理。你需要決定當初暫訂的命題是否仍然有效、你打算如何安排報告內容，以及設計較為詳細的綱要。

提出細部綱要

這個步驟是筆記卡真正發揮效用之處。筆記卡是組織報告的絕佳工具。拿出所有的筆記卡，然後：

- 把章節字母或數字編號（位於卡片右上角）相同的卡片放在一起。
- 把各組卡片依據暫訂的大綱順序排放。
- 將同章節的卡片進一步分類。把相同「小標」的卡片放在一起。
- 翻閱其他類別的筆記卡與個人筆記卡，也就是那些你標示星號的卡片。它們有沒有可以歸屬的組別？若有的話，重新加以編號；若仍然找不到歸屬的群組，把它放到整疊卡片的最後。

你的筆記卡應該已經依照大綱排列妥當。花幾分鐘的時間，將所有筆記卡看過一遍。你看到的就是報告的大概草稿，也就是你暫時計畫呈現資料的順序。想一想，這樣的順序是否合理？有沒有更好的安排？以下是一些寫報告時可以參考的組織方式：

- **按時間順序**：依事件的發生先後進行討論。
- **按空間順序**：以地理或實際位置的順序呈現資訊，譬如由北至南、由上至下，或從右至左等等。
- **按數字／字母順序**：「造成肥胖的五個主因」或「我的三個英雄」，這是最常見的一種方式。
- **按重大的區別**：適用於可以明顯加以區分出不同部分的主題。
- **採「如何……」的方式**：如何寫出更好的報告、如何製作書架、如何修理屋頂、如何考得更好等等。

▼**按問題／解答**（由因至果）：提出一連串的問題與可能的解決方法，討論為什麼某件事會發生，或針對某個特別的起因，預測可能的結果。

▼**由果至因**：討論某種狀況、問題或結果，反推回去，找出可能的成因。

▼**比較／對照**：討論人、事、物之間的相似與差異處。若要討論某種方法、實驗、探討方式的優缺點時，也可以利用這種方式。

▼**按重要性**：先討論某個事件最重要的部分，然後依次往下至最不重要的部分，反之亦可。（還有一個變化做法，是先談已知的部分，再談未知。）

▼**按優／缺點排列**：針對某個立場、問題、決定、做法等等，提出贊成或反對的主張。

上述的前四種組織方式，屬於「理所當然式」，因為這種安排確實切合報告主題。其他的方式則屬於「邏輯式」，由你這個作者來決定內容鋪陳。

許多報告的安排順序是可以顛倒的，時間可以前後調整，因果順序也可以重組，所以其實可供選擇的方式多達十八種。

哪一種組織方式可以發揮最大的功效，得視報告的主題與命題而論。你也可以混用兩種方法。舉例來說，你可以依照時間順序描述事件，然後討論每個事件的因果關係。

若有必要，根據組織方式修改報告大綱，但不要更動章節的字母或數字編號。若報告大綱的順序做了修改，只要依照新的順序重新排列筆記卡。將所有已經標示章節字母或數字的卡片整理好之後，再次檢視那些標記著星號或個人記號的筆記卡。盡量釐清這些卡片是否可以歸入新的綱要之下。

不要勉強將筆記卡歸到不適合的類別裡。如果卡片上的資料無法歸屬在任何章節之下，很可能是因為這些資訊和你修改後的命題無關。先把這些卡片放到一旁，以後再試著歸類。

別忘了找找有沒有「漏洞」，亦即那些需要更新的資料、範例，或加強串連的部分。沒有人在發現研究漏洞時會感到開心，但若你已經發現了問題，那麼老師也一定會看到這個問題。千萬不要因為不願意多花一個小時去做研究，而放任一個漏洞拖累了整份報告。

現在，重新翻閱一遍全部的筆記卡。看到了嗎？不知不覺中，你已經建立起報告的細部綱要。筆記卡上的字母或數字代碼與大綱上的標題完全一致；筆記卡上的小標，就是報告的小標。現在只需要依照筆記卡的順序，把卡片上的小標轉到報告上就行了。

撰寫初稿

該如何著手撰寫你的報告呢？就像路易斯・卡洛爾（Lewis Carroll）在《愛麗絲夢遊仙境》中所建議的那樣：「『從開始的地方開始』，國王嚴肅地說，『一直進行到最後，然後停止。』」

儘管你可能沒有發現，但你已經完成許多困難的工作，現在總算走到動筆的階段。你思考過報告應該如何開展、安排了筆記卡的順序，也擬好細部的綱要。現在唯一剩下的工作，就是把資料與想法從卡片轉移到報告上。

好的作品需要專注與思考，而專注與思考需要平靜，很多的平靜！你需要有足夠的桌面空間，將筆記卡都攤在眼前。你的工作區應該光線充足。除此之外，手邊要備妥字典、辭典等工具書。可以的話，直接在電腦上打報告，以便隨時增減或重新組合報告內容。

切記，這個階段的目標是產出一份粗略的草稿；重點在於「粗略」兩個字。草稿本來就不會是完美無瑕的，它的目的就在於不斷修改。如果你認定第一次寫出來的成品就應該是可以直接交給老師的報告，肯定完蛋。那樣的寫作壓力只會帶來焦慮與挫敗。

儘管文法、詞彙、標點符號的正確性非常重要，但一篇好的作品其實跟這些細節的關係不大，關鍵在於好的思維。

你的想法、觀念與邏輯，才是報告的基石。蓋好一棟房子之前，需要先打好地基，接著才關心設計的問題。所以現在這個階段，你只要專心把腦子裡的想法全寫出來就好。不必擔心使用的字詞是否精準，或每個標點符號的位置是否正確。這些事情以後再來推敲。

筆記卡已經幫你建立起細部綱要。現在它們將再次幫助你擬好報告的段落與文句。

- 將筆記卡與綱要的順序調整一致後，取出第一個章節編號下的所有卡片。
- 從這疊卡片中，取出所有卡片上的小標標示與大綱相同者。

- 仔細檢視卡片資料，思考這些資訊可以用何種方式組成一個段落。
- 依照段落順序，重新調整筆記卡的安排，讓兩者一致。
- 將這個過程重複應用在各類別的筆記卡上。

報告中的每一個段落都像一小篇論文，應該包含主題句（你要討論的主要事實描述），以及支持你的論點的證明。證明可以透過各種形式來表達，譬如引據專家的話、舉出調查數據、研究或經驗的範例、詳細的敘述或背景資訊等等。堆砌你的「證據之牆」。仔細建構每個段落，讓讀者能夠被你說服。

如果段落是一個個磚塊，那麼你還需要黏合磚塊的灰泥漿，亦即讓讀者順利地從這個概念轉到另一個概念；順暢的段落串連可以幫助讀者從這個想法進入另一個想法。

草稿最好採雙行或三行的間距，以利編修的工作。在每張轉換完成的筆記卡下方做個記號，然後放到一邊。

若你決定不要用某張卡片上的資料，也不要把卡片丟掉……時候未到。把這張卡片存起來，往後或許可以用在其他報告上，又或者在讀完初稿後，你可能會改變意見，決定將它加入報告內容。

如果你遇到瓶頸的話

你是否已經出現寫作瓶頸？這裡提供一些協助你脫離瓶頸的小技巧。

- 假裝自己正在寫信給某位好友。告訴他你最近學到關於做報告的知識，告訴他你為什麼認為自己的命題是正確的。
- 使用日常用語。很多人因為刻意精雕細琢而忘了寫作真正的目的——溝通。文字越簡樸越好。
- 隨便寫些什麼，什麼都好。一旦開始了第一句，即使寫得糟透了，頭腦會開始出現各種想法。
- 不要批評自己。完成草稿後，不要一直用負面的想法打擊自己。記住，你的目標只是寫出一份粗略的草稿，這份草稿的許多部分還需要大幅修改。
- 持續寫下去。若卡住了，別只是坐著乾著急，甚且一坐就是好幾個小時……即使是幾分鐘也不行。快速寫下你打算放在這個段落的內容，然後繼續往下寫。盡可能一鼓作氣寫完初稿。

試試自由書寫與腦力激盪

自由書寫與腦力激盪，是專業作家的腦袋堵塞時，常使用的兩種疏通方法。不論哪種方法，都必須設定一個時間限制（也許十分鐘或十五分鐘），以一個詞或一句話形容你的寫作主題，然後任思緒飛揚，在時間終止前，不要修改或回頭看自己寫下了什麼。

腦力激盪是寫下所有你可以想像得到與主題相關的東西。不用按照任何順序，也不必符合邏輯或合乎道理。問問自己各種與主題相關的問題，不論問題有多麼奇怪，都可以幫助你產生更多新的想法。

至於自由書寫，重點在於書寫，什麼都可以寫，別擔心寫下的東西跟主題是否有任何關係。關鍵在於開始寫，就像寫日記、寫你家狗兒的傳記、寫你對於搖滾音樂的想法那樣，在時間終止前絕不要停筆。

在你準備下筆但無法掌握該從哪裡切入時，腦力激盪是很有用的方式。若你根本無法啟動自己的腦子，那麼自由書寫是可以幫得上忙的好辦法。這兩種方法都可以幫助你開始動筆，而這正是你的目的。

標示資料出處

為了避免淪為抄襲或剽竊，在報告中加入下列任何內容時，都必須清楚註明出處：從其他著作中引用的內容；他人的理論或想法；他人說過的句子、詞彙或特定用語；他人收集編撰的事實、數字或研究資料；他人設計的圖解、圖片或圖表。

但也有一些例外。若你引用的內容屬於一般常識的事實、理論或用語，不需要提供出處；若引用的說法作者不詳，也無需註明出處。要決定一段話是否需要註明資料來源，問問自己，若不說明出處，讀者是否會以為這些資訊或想法是你想出來的。如果答案是肯定的，就需要標明出處。若你不清楚讀者會不會有這樣的反應，還是把資料來源交代清楚吧。

隨頁註一直是最多人採用的註釋方式；章末註也很受歡迎。隨頁註出現在每頁的最下方或頁邊。在你需要註明來源的句子後面，標示一個數字，告知讀者在頁尾或頁緣可以對應查找內容出處。而報告中的每一個註釋，都要確定有相對應的資料來源說明。

再研究與重新撰寫

當你大致拼湊出報告初稿時，是否發現任何遺漏之處？有沒有需要更多資料才能回答的問題？現在就去尋找所有你需要的資料。

做好資料的再研究後，接下來的目標是編輯初稿，也就是提高報告的流暢性，並以更有系統的方式組織自己的想法、釐清不夠清晰的論點，以及強化論證薄弱之處。

檢視初稿時，問問自己下列這些問題：

- 論點的切換是否合乎邏輯？
- 每個句子、每個段落的意思是否清楚明確？
- 每句話是否都有重點，或支持某個重點？
- 段落的連結是否順暢？
- 結論是否得到充分的證據支撐，不論證據源自專家、科學數據、實務經驗或範例？

・報告的破題與最後的結論是否站得住腳？

・是否有個人的文字風格，抑或你是借用其他作者的句子、引證拼湊而成？

・是否完整地詮釋了你的主題？是否高估了讀者對這個主題的知識？（記住，你覺得理所當然的事情，不代表讀者應該都知道。）

・你的論點是否具有說服力？

・有些資訊雖然正確且具教育性，卻文不對題？刪掉！

・你的敘事觀點是否前後一致？

・報告的最後一段是否成功地總結了整個內容，強有力地結束你的論證？

用色筆或在電腦上標示每個有問題的地方。如果你大概知道如何修改，把想法簡短地寫在初稿上。接著，坐下來重寫一遍。把焦點放在問題點上，若有必要，增加新的資料。試試調整句子、段落或章節安排。

重寫你的開場與結尾

法國劇作家莫里哀（Moliére）曾說過：「我的破題向來精彩，不過接下來就全都是問題。」如果你覺得自己寫了一份了不起的報告，再次檢查報告的第一段與最後一段。花點時間把這兩段從頭看到尾看過一遍又一遍，不斷修整。許多其實只具中上水準的報告，因為有了滿分的開頭與結論，最後得到了預料之外的高分。

開場白是整篇報告最重要的部分。這個段落鋪陳了你贊成或反對（以及為什麼會選擇這個立場）的論點，同時介紹報告的架構。如果這一段寫得好，老師就可以更明白其他部分要說些什麼。如果開場白寫得很糟，不論你接下來寫的如何，老師都有可能認定你顯然並不曉得自己在說些什麼，然後依著這個印象給分。（此外，老師花在你報告的其他內容的時間，可能比預期來得少。）

把開場與結論想成三明治的麵包，中間各段的資訊是肉餅、生菜、番茄與醃黃瓜。三明治中間的餡料或許是最吸引人之處，但若沒有麵包，三明治就不叫三明治了。

納入一些可以抓住讀者注意力的內容、提及某些具爭議性的內容、描述某個情境的畫面、事件重塑、擷取一段有力的引述、提出一個具有挑釁意味的問題，以上都是為開場白加分的方式。

但千萬不要用笑話當作開場，因為它只會讓你變成笑話。大多數的老師一開始投入改報告，就失去了幽默感（假設他們在改報告之前具有幽默感的話）。

檢查報告中所有的事實

完成報告內容與意義的編輯後，重新列印一份乾淨的報告，然後再次檢查內容中所有事實的正確性。

- 所有的名字、專有名詞、地點是否都沒有寫錯？
- 引證的日期與統計數據都正確嗎？
- 出自其他資料來源的每個事實、措辭或想法，是否都註明了出處？
- 若有引證資料，從字句到標點符號是否都同原文？加了引號嗎？

在新版的草稿上，註明所有需要修改的地方。

不斷重寫

現在，更仔細地檢查所有的句子與段落。把句子與段落之間的連結修得更平順、緊湊且容易讓人理解：

・使用動詞與主動語態：「遭到囚禁的大猩猩，通常可以存活三十年以上」要比「那些被囚禁的大猩猩的壽命通常是三十年」。

・會不會太囉唆？盡量用精簡的字句說明重點。

・有沒有不通順的措辭或句子？重新組織這些句子，讓段落變得更順暢。

・是否採用描述性的生動字詞？你只告訴讀者「飛機受損」，抑或為讀者勾勒出一幅鮮活的畫面：「飛機成了破敗鏽蝕的龐然巨物。千瘡百孔的老戰機，磕磕碰碰差點無法降落。」

・參考同義字辭典，找出效果更好的用詞，但別過了頭，使用一般讀者根本不知其意的艱澀詞彙。若不太確定詞彙的難度，選擇你熟悉的字；相較於帶有假設性意義的詞彙，選擇具有實質意義的用詞；相較於拐彎抹角的說法，單刀直入比較好。

・陳腔濫調或俚俗用語是否過多？學術性報告特別不歡迎這種表達方式。把那些老掉牙的東西都刪掉，確保自己的報告精簡達意。

・有沒有哪些特定字詞過度頻繁地出現？經常使用相同的詞彙，會讓報告讀起來無趣。參考同義字辭典，找出可替代的用詞。

- 大聲朗讀自己的報告時，聽起來像是一篇韻律十足的樂章，還是像首沉重的輓歌？
- 修改句子與段落的長度，讓報告更有趣。混搭簡短的句子與複雜的長句。
- 謹記報告的重點：盡可能清楚、簡潔地表達自己的想法。不要拘於細節。

如果你必須在完美的用詞與有組織的報告之間做選擇，請選擇後者。

準備最後的參考書目

參考書目應該單獨成頁，置於報告最後：

- 頁面上方留白一吋，把「參考書目」這個標題置中對齊。
- 頁面的邊界設定與報告本文相同，左、右、下方均留一吋。
- 把參考書目當成本文的延續，接續本文的頁碼，不用另起一套頁碼。
- 書籍資料依照作者姓氏的字母或注音排列。若作者不詳，則以書名的第一個字依序排列（若英文標題的第一個字是定冠詞或不定冠詞，以第二個字排序）。
- 每本參考書目的第一行都應該齊頭，其他行則縮排五個字母。

• 不同書目間採兩倍行距。

• 若為英文書目，除了五、六、七三個月份，其餘月份均以縮寫代表。

檢查錯字與文法

你的想法確實是報告最重要的元素。然而，刺眼的文法錯誤與錯字，會讓老師認為你若非粗心大意，就是無視報告的重要性。而不論老師認為你是粗心大意或輕忽報告，對你的成績都沒有好處。

所以拿出字典與文法參考書，一句句檢視你的句子，用彩色筆標示與修正錯誤。你要搜索的對象為：

• **錯字**。檢查每一個字。電腦的拼字檢查很可能會錯過發音相似的字。英文there寫成their可就大錯特錯了。

• **誤用標點符號**。複習逗點、引號、句點以及其他標點符號的使用規則，確保整篇報告都遵循這些規則。

• **不正確的句子結構**。確認那些與主詞無關的分詞、不定詞、介係詞，以及其他文法禁忌。

在此提供兩個找出文法或詞彙錯誤的小訣竅：大聲讀出自己的報告，大膽地把報告內容唸出來！利用這種方法，很容易就會找到錯字或糟糕的文法。這種做法會迫使你把注意力放在報告的每一個字，不失為一種強迫面對的好方法。

請他人協助校對與定稿

把上一個步驟所標示出來的錯誤都做了修正以後，重新列印一份報告。依照老師規定的格式修整好，把最後的註釋與書目也放進去。

訂出一個簡潔且一針見血的報告標題，讓讀者知道他們可以從這份報告中看到些什麼。

再校對一次，然後找一個校對能力不錯的人幫忙校對。依照你或校對者所做的修改、所找出的錯誤，再進行一次修正。最後列印出定稿，再次校對，非常仔細地校對。

用全新的文件夾或檔案夾裝訂你的報告。然後，準時交作業！

口頭報告

書面報告與口頭報告呈現的方式有些重要的差異，特別是如果你不想只是站在全班同學面前照本宣科。以下列出幾種口頭報告的狀況：

說明：事實的陳述。

辯論：嘗試改變至少部分聽眾的意見。

描述：為聽眾提供一幅視覺圖像。

敘事：說故事。

學校指定的口頭報告中，最普遍的形式就是說明與辯論。準備這些演說時，要做的研究與資料安排，其實和準備書面報告差不多。

為口頭報告蒐集資料要像準備期末報告那樣，製作重點索引卡。當你需要口述而非書寫報告內容時，必須運用不同的技巧來製造效果。以下是一些口頭報告的技巧：

- **主題範圍不要設得太廣**。這個忠告同樣適用於書面報告，只不過在準備口頭報告時更顯重要。好比說，你必須就愛迪生、珍・奧斯汀的小說或南北戰爭等這類更適合用一系列論述來分析說明的題目，寫出十五分鐘引人入勝的口頭報告。十五分鐘通常是口頭報告的規定時間。而諸如「愛迪生的三大發明」、「電影《獨領風騷》未忠於珍奧斯汀原著之精神」，或「林肯蓋茲堡演說對南方士氣的影響」，可能會是比較容易掌握的題目。縮小演說的範圍，可以讓研究與內容安排更有成效。

✔**不要引用過多數據**。儘管數據在建立可信度上扮演著重要的角色，但太多的數據卻會讓演說內容變得沉重，讓觀眾覺得無趣。

✔**趣聞軼事可以為演說增添色彩與生命**，但要省著用，因為這些內容會拖累演說速度。在哈欠聲此起彼落之前，趕快進入正題。

✔**引述他人用語時要謹慎**。和書面報告不同的是，演說是透過你的口重述，比較不怕被人指控抄襲，你可以陳述許多事實，卻不需指明出處。儘管如此，最好還是備妥這些事實的來源，以免有人提問時措手不及。

一邊說、一邊翻閱一堆紙張並不容易，若把紙張換成可以握在手中的筆記卡，使用起來就容易多了，只不過筆記必須簡短扼要。這些卡片的目的在於「提示」，而非逐字稿。卡片上的筆記越簡短，串連起越多資訊，口頭報告的效果就越好。（你低頭看卡片的次數越少，與同學和老師的視線接觸就越多。）

這裡列出另外四個讓口頭報告更順利的方式：

- 上台前先深呼吸。如果你講著講著突然忘詞，或者發現自信心正在衰退時，也可以做一、兩次深呼吸，別擔心冷場。
- 試試對著一個觀眾說話，最好是朋友，態度活潑或表現出感興趣的觀眾也可以。
- 練習、練習、再練習。焦慮通常是因為缺乏自信。對自己要報告的內容越瞭解，就越不會緊張，臨場表現也會更流暢。
- 如果光是想到要站在一群人面前說話，你就會不由自主地發抖，那麼最好事先確定輪到你報告時，台上會有演說台、書桌或你可以靠著的任何東西。

如果沒有任何方法可以舒緩你的緊張情緒，不妨考慮上些公開演說的課程

（卡內基訓練之類）、參加演講俱樂部，或求助於類似的課外活動。

開始寫報告吧！

一、找一個乾淨、光線充足且文具用品齊備的地方，坐在一張舒適的椅子上。

二、仔細看一遍指定的閱讀內容，把重要的指示用顏色或底線標示出來。

三、去買杯咖啡，讓自己喝了精神更集中。

四、重新就定位。

五、再看一遍指定的閱讀內容，百分之百確定自己完全瞭解這些內容。用不同的顏色筆標示重點。

六、對了，你想起小學四年級在夏令營認識的那個朋友，後來你再也沒有寫信給他了。最好現在就給他寫封信，把心裡的話都吐出來，這樣你才能專心。

七、到洗手間照照鏡子，檢查一下自己的牙齒，用牙線清理兩次。

八、聽聽你最喜歡的音樂。說真的，聽完音樂後，就開始寫報告。

九、再聽另一張專輯。

十、依照字母順序重新排列你所有的音樂專輯。

十一、打電話給同學，看他開始寫報告了沒。跟他一起說說老師、課程、學校的壞話。

十二、重新就定位。

十三、重新再看一遍指定的閱讀內容、把內容唸出來，仔細思考。最少再用另外三種不同的彩色筆標示重點。

十四、看看報紙的新聞標題，確定自己沒有遺漏任何值得在電視上播出的重大新聞。如果離交報告的時間不到十二個小時，電視播放的任何內容，從嚴肅的紀錄片到重播的影集，你都會非常想看。

十五、到浴室照照鏡子，檢查一下舌頭。

十六、坐下來，靜下心，審慎思考一下未來的計畫。

十七、打開門，看看門前有沒有穿著風衣的神祕陌生人徘徊不去。

十八、重新就定位。

十九、反正閒著也是閒著，再看一遍指定的閱讀內容。

二十、把椅子滑到窗邊，欣賞落日。

二十一、面朝下趴在地上。哀嘆幾聲、滿地亂滾。

二十二、打起精神，用最快的速度打好報告。

如果上述的方法和你實際進行的方法有那麼一點相像，請重新再看一次本書的第七章與第八章……但不需要再準備其他顏色的螢光筆了。

CHAPTER 9

萬試高飛

在你的求學生涯，甚至是一生當中，考試都是無可避免的事，儘管這件事往往令人覺得痛苦又恐懼。越早學會備考與作答的技能，你的表現就會越好。

為什麼要考試？

許多考試的目的在於檢驗學生的學習方法，也就是對課程資料的組織能力，以及對教材內容的熟悉程度。學術評估測驗（SAT）、美國研究所入學考試（GRE），或律師、醫師、護士、會計師、理財規畫師以及其他專業資格考等等，都是在檢驗考生對於大範圍知識的掌握程度。換言之，你學得越好，考試的成績就越高。

在你決定要如何準備某個考試時，你必須確實瞭解這個考試到底要考什麼。準備期中考與期末考的方式，勢必和準備每週小考的方式不同。而高中期末考相較於研究所入學口試，簡直是小巫見大巫；後者的範圍涵蓋了大學四年理應學到的一切知識。而準備學術評估測驗、大學指考或研究所考試，又是完全另外一回事，你不可能知道考試會考哪些章節，然後只讀那些部分。

考題結構也是一項重要的資訊，不僅關係到你應該如何學習，也關係到你要如何正確地備考。

降低考前焦慮

考試可以是一隻嚇人的怪物。所以在提出應考的技巧前，我們先來處理許多人都有的一個困擾：考前焦慮症。這種反應的症狀是手心出汗、腦袋空白，以及想要逃走的衝動。

為什麼常有人會說，自己絕對會考不好？他們的意思可能是，自己沒有好好用功，或者沒有好好準備。他們也可能是在說，自己很容易分心，對即將到來的考試毫無準備，又或者只是心理上無法面對考試。

我們都知道考試的競爭本質。有些人面對這樣的挑戰可以應付自如，有些人則不堪負荷。而這兩種反應其實都跟知識程度、聰明才智或準備的充分與否，沒有太大的關係。最聰明的學生也可能是最害怕考試的人。

不是只有你一個人如此

鮮少有人期待考試。害怕考試的人比你想的更多，但這不代表你就必須害怕考試。

很少有人可以完全冷靜且從容地步入考場。大多數的人都會出現不同程度的緊張症狀，包括胃部翻攪、冒汗、想逃到隨便什麼地方。你給自己的壓力越大，希望得到好成績的想法就越是盤踞你的心思。考試的重要性越高，你越有可能不斷想著這場考試。

讓我們面對現實吧，有些考試的成績確實會影響你上大學、研究所，甚或得到你想要得到的工作。然而，不論這場考試對你的生涯有多重要，你都要試著降低它所帶來的心理壓力。考試重不重要跟你的準備無關，因為每次考試你都要全力以赴！

以正確的心態看待考試經驗：二十年後，沒有人會記得或在乎你任何一次的考試分數，不論你覺得眼前這場考試有多麼生死攸關。

當然，你可以讓考試這件事情變得比較容易些，只要你別刻意在一件已經很有壓力的事情上堆積更多的壓力，特別是在大考或重要的考試之前。譬如在指考的前兩天，絕對不是甩掉男朋友、搬家，或為平靜的人生製造點驚濤駭浪的好時機。

有些人一直在問題裡鑽牛角尖，如果你過得太平順就會惹得他們忌妒。他們想要把你一起拖入苦海，不論你知不知道發生了什麼事。所以要小心那些在考前的夜晚打電話給你，尖叫說「我剛剛才發現我們要考到第十二章！」的朋友。你不用跟著驚慌，只要平靜地提醒對方，教授兩週前發下來的資料上，就清楚寫著這次考試的範圍，然後掛上電話，繼續過你的生活，讓對方自個兒悲憤就義。

如何減少考前的焦慮

想想下列問題，你知道的答案越多，越能夠幫助你減少考前的焦慮。

- 這次考試的範圍是什麼？
- 總成績是多少？
- 占學期總分多少比例？
- 考試時間多長？

‧考場在哪兒？
‧試題類型（選擇題、申論題、是非題等等）？
‧每種類型的題目各有多少題？
‧每個問題占多少分數？
‧哪個類型的試題比較多？
‧是可以翻書的考試嗎？
‧考試時可以攜帶哪些用具？計算機？手機？其他對考試有幫助的東西？
‧答錯會倒扣嗎？

在學習時段中安排一些休息時間，可以讓人更專注也更有效率，也能夠更快完成作業。在考試時讓自己有時間喘口氣，也具有同樣的效果。

不論考試的時間有多長，不要讓自己連喘一口氣的機會都沒有。如果你告訴自己每一刻都不能放鬆與浪費，那你才真的最需要放鬆一下；就好像最需要時間管理的人，通常是那些說自己根本沒時間的人。

如果你的腦袋裡塞滿了各種知識與數字、人物與日期，卻發現自己很難加以組織連貫，那是因為你體內的腎上腺素激增，影響了擷取資料的能力。最簡單的放鬆方法就是深呼吸。靠著椅背，放鬆肌肉，深呼吸三次；每次深呼吸時，從一數到十。

不同的冥想方式可能也有所幫助。冥想源於一個簡單的原理：心無雜念，專注於某樣東西。當你專心想著這樣東西時（即使只是一個沒有意義的詞或牆上的一個黑點），就無法思考其他的事情，你的腦子就可以稍微放慢運轉的速度。

下次當你在考試時無法專心，試著靠著椅背輕鬆坐著，深呼吸三次，花一、兩分鐘的時間，專心想著某個字，等到你較為放鬆了，再繼續作答。

為得高分做好準備

有些備考方法適用於所有考試，不論是每週的小考、學術評估測驗、入學考試，或是所有介於其間的考試。

預先計畫

若要避免考前臨時抱佛腳的情況，重點在於**定期**、**定時地複習**。每週六天，每天花三十分鐘溫習考試的範圍，遠比考試前夕花三個小時把所有該讀的內容硬塞進腦子裡好。複習的頻率越高，考前一週當夜貓子趕進度的機率就越低。你可能已經複習了所有內容，列出所有可能成為考題的問題，也重新看了一遍課堂筆記，確定自己已經瞭解所有的內容。因此到了考前最後一刻，你會覺得相對輕鬆。

抱歉，你錯過考試時間了

考得很糟確實令人沮喪。自以為準備好了卻還是考得很糟，更是令人意志消沉。而錯過考試則是災難一場。確實知道考試的時間與地點，是所有考生的義務，你必須預留足夠的時間抵達考場。

如果你是高中生，參加考試應該不是太難的事情，這些考試很可能就安排在原本的上課時間與上課地點。若你是大學生，考試的時間很可能與平常的課程時間不同，考場或許也在與平常上課不一樣的地方。

而諸如大學或研究所入學考試這類全國性大考，考場可能不在原來的學校。你必須確定自己有足夠的時間開車或搭車抵達考場，若你不太確定該怎麼去，事先走一趟，或預留更充裕的交通時間。

一旦確定了重要考試的日期與地點後，立刻記在行事曆上。不論高中、大學或研究所，大多數學校都會排定一、兩週的時間，集中舉行期末考。期末考的時間地點通常會清楚標示在學校的公告中，或在各課堂上宣布，或註明在各科的課程大綱裡。

將加分的作業變成必做的作業

有時候除了一般性的閱讀範圍與作業，老師會在課程一開始就指定一些選擇性讀物。這些選擇性閱讀的書籍或論文，可能永遠不會拿到課堂上討論，但是其中的內容可能會出現在考卷上，特別是期末考。如果你忘記將這些補充的閱讀資料排入複習時間，又想在考前看看這些資料，一定要預留足夠的時間去蒐集這些資料，因為很多學生或許和你一樣，把補充資料留待最後一刻才看，如果太晚才去找資料，可能全都被借光了。

打包考試用品

把原子筆、鉛筆、計算機等所有考試需要用到的文具與資料帶齊。另外，建議你帶些糖果、堅果燕麥棒或一些可以快速補充體力的零食，以便在需要提神時拉自己一把，尤其是參加學術評估測驗、入學考試、期末考這類時間較長的考試時。

儘管許多測驗卷上都留有筆記的空間，可能依然無法滿足你的需求。如果你得回答三、五道或更多申論題，往往會需要很多空間擬訂大綱和組織想法。同理，特別複雜的數學考試可能需要許多演算的空間。所以如果需要的話，額外帶些便條紙。話說回來，有些考場不允許考生攜帶或使用這些東西，要留意相關規定。

如果你未聽老人言……

複習、複習，再複習。如果你沒有採納我的建議，定期做複習，那麼考前就要排出一週或兩週的時間，加強複習。大多數的大學以及許多高中，通常會在期中考與期末考前一週，排定閱讀課或自修課，圖書館開放時間也會延長。善加利用這些時間。

一些好心的老師會在大考前主動安排複習課程。參加這些課程，仔細聆聽老師強調的重點，有助於你抓到可能會出現在試題上的內容。

需要複習的資料越多，安排學習時間就越重要。一堆課本，加上授課與討論的筆記，以及報告與研究內容，你要念的東西可能高達數百頁。複習、搞懂並記住這些內容，需要一整個星期，甚至兩個禮拜的時間。所以你一定要確定其他的作業，特別是大型研究計畫與報告，都已經事先做好了。

不論你需要整整兩個星期進行一次徹底的複習，抑或因為平常就固定複習，所以只需要安排兩、三天的溫習時間，你都要預留更多的時間準備自己最弱的科目。

安排複習的資料

- 各科的參考資料要放在一起，包括書籍、講義、筆記、作業、考過的考卷，以及發還的報告。

・確認要考試的範圍，問問自己：這次考試需要複習哪些東西？

・篩選複習的資料。減少要看的內容，可以減輕心理壓力，讓你覺得好像還有足夠的時間可以做準備。

・製作一張考試用的小抄，當然不是要作弊。這張小抄是用來做最後一刻的複習。如果你的運氣好到考試時可以翻書，這張小抄更是有用！

安排自己的時間

在決定要花多少時間準備考試時，把下列狀況考慮進去：

・**通常我花多少時間準備這類考試**？結果如何？如果你通常花三個小時，結果成績都是不及格，那麼你需要重新評估念書的時間，或者，更正確地說，重新評估你所浪費的時間。

・**我打算要拿多少分數**？如果你這一科的成績向來都是八十幾分，而你又認為自己不可能拿到九十分以上，或許可以考慮是否減少這一科的複習時間，把更多時間放在你比較可能拿高分的科目。如果你的成績向來都是七十多分，或許多花點時間就可以拿到八十分以上。

• **還需要什麼特別的複習**？複習筆記、和學習小組一起練習，或者坐在視聽教室裡聽好幾個小時的錄音帶，或者重新做一遍實驗。總之，依照實際狀況做好計畫。

• **妥善安排你需要複習的資料**，慢慢來，看看自己在第一個小時的複習時間內，看完多少東西。已經完成多少？尚未複習的又有多少？儘管每個小時的效率不盡相同，但你可以根據一個小時複習的量，估計所需要的全部複習時間。

臨時抱佛腳行不通

我們都有過這樣的經驗：一直到考前最後一刻，才花上一個晚上或一個週末的時間，把一整週、一整個月，甚至一整個學期的授課內容全塞進腦子裡。有用嗎？我想答案應該是否定的。

事實上，臨時抱佛腳對少數人其實頗有效用。這些人塞入短期記憶區裡的「東西」，可以比我們其他人多，而且他們真的記得住，至少二十四個小時之內不會忘記。二十四個小時之後呢？曾經記住的東西全都隨風消逝。換言之，即使這些學生的週考成績不錯，但硬塞進腦子裡的東西對期末考可能毫無助益，又得從頭來過。

至於我們其他人，可能連一點好處都撈不到！熬了一整夜，外加太多咖啡進肚，能夠記住第二天早上要爬起來考試，已經算是萬幸。我們甚至還得努力張開眼睛保持清醒，不但什麼都沒讀進腦子裡，連考試都考得一塌糊塗。

所以臨時抱佛腳可能根本沒有用，這是別這麼做的最佳理由！

然而，不論你的決心多麼堅強、信念多麼穩固，相信臨時抱佛腳是賠本生意的立場多麼牢不可破，你還是有可能（希望機率不是太高）在考前一晚，必須為準備不足的考試做一些搶救措施。若真遇到這樣的狀況，下列原則可以讓你在抱佛腳的夜晚，至少得到一些收穫：

實際看待自己可以做些什麼。你絕不可能一個晚上就搞懂整個學期的課程，特別是那些你鮮少出現的課堂，或者二十多本參考書你只翻過其中兩本。塞進腦子裡的資訊越多，效果只會越糟。面對現實的意思是，審慎評估自己的現況，承認你離目標還遠得很，現在只不過是盡力不要掉入油鍋裡。拯救危難中的公主、繼承王位、考試得高分可能是奢望，不論你的神仙教母是誰。

慎選抱佛腳的內容，深度學習。曠課的次數與未完成的功課越多，在安排臨時抱佛腳的內容時，就該越謹慎。盡可能找出你確定會出現在考卷上的題目，然後只看這些範圍。如此一來，即使你理解的範圍不多，但對某些內容有深刻瞭解，要比什麼都沾一點、不求甚解來得好。若運氣不錯，挑出來的三個題目，說不定全都上了考卷！

替記憶力按摩。利用第四章提到的所有記憶技巧，將短期記憶區內可以留住的知識最大化。

知道什麼時候應該投降。當你連自己的名字都記不住，或者完全無法集中注意力時，放棄抱佛腳的大業，去睡吧。

考慮在一大早抱佛腳，而非大半夜，尤其若你屬於「晨型人」。早睡早起的效果比晚睡後精疲力竭地醒來，效果好得多。

抵達考場後，先花幾分鐘時間把自己記得的東西都寫下來，以防又忘記了。

有問題就開口

沒錯，的確有些老師會考一些最不重要的細節，並要求你複習每一本書、每一頁筆記，以及每一個他胡亂寫下的東西。但我認為大多數老師不會那樣。他們會考你課程的主要內容，那些他們認為是最重要的主題、問題、事實與數字。

要怎麼知道老師覺得最重要的是什麼？更直接的說法是，你怎麼知道考卷上會出現什麼題目？

通常老師會提供不少線索。一般來講，你越常聽到或看到的內容，往往就越重要，而且越可能出現在考題上。

一如學習觀察老師的身體語言、聆聽老師說的話，找出值得注意的線索；你也要學會辨識老師的暗示。老師對於筆記的態度可以提供一些蛛絲馬跡。如果他們要求學生記下詳細的筆記，甚至要評分筆記，我猜他一定覺得這些筆記內容比課本的描述還重要。這時你就得好好讀筆記。

過去的大、小考卷，你有保留起來嗎？發還的考卷，尤其是老師在上面寫了許多意見的考卷，都是絕佳的指引，讓你知道該把時間花在哪裡。

問老師考試會考些什麼，是錯誤的行為嗎？當然不是。老師一定會告訴你嗎？當然不會。如果你有管道取得同一位老師以前出的考卷，特別是考試範圍相同的那些考古題，複習時便可善加利用。

為什麼？因為老師和我們大多數人一樣，都是習慣性動物。但不要期待相同的問題一定會出現在你的考卷上。不過瞭解老師的出題方式、問題的類型與混題的風格（一百題是非、五十題選擇，以及一題申論題），會讓你對考試有更清楚的概念。

除此之外，你也可以和曾上過同一位老師課的學生聊聊，看看他們是否能提供任何建議、小道消息、暗示或警告。

有些老師偏愛特定類型的考題。如果考古題、之前修過這堂課的學生，或老師本人的說明，以及你自己的經驗都告訴你相同的事情，那麼你就應該對老師偏愛的試題型態多多用心。當然，你還是需要熟知考試範圍內的知識。出題方向只是用來提醒你，以某種方式準備考試可能最有效率。

多數老師都會利用不同的考題組合，檢驗學生對於課程內容的瞭解。坦白說，有些老師痛恨改申論題，因此就比較少出申論考題。有些老師則是因為下列原因而偏愛申論題：出題比較容易；當班級人數少的時候，老師會比較喜歡出申論題，因為這種題目比較不容易重複；想知道學生的看法，而非評估他們的理解程度；鼓勵學生發展寫作技巧；當學生的理解或描述對課程內容很重要的時候；有些課程本來就比較適合用申論題來測驗。英文、歷史科的申論題比例，絕對高過科學課程。

有些老師喜愛有客觀答案的考題，原因在於：班級人數較多，且考題可以重複；校方需要盡快取得可靠的成績；在同樣的時間限制下，這類題目可以涵蓋的範圍較廣；老師比較容易客觀地給分；檢視學生的學習成果。

千萬別樣樣通，樣樣鬆

一旦知道考題型態後，你需要弄清楚會考的內容，以及真正需要複習的是什麼。考試很少會考「所有的東西」。先略讀一遍那些你確定不是很重要，不會出現在考卷上的內容。這麼做可以讓你多一些時間複習那些你確定會出現在考題內的範圍。

為每科考試製作一張「待複習」的清單。在這張清單上，列出你打算複習的書、筆記，以及所有必須複習的主題、原理、想法與概念。每複習完一個項目，將其從清單上劃掉。這種做法很像把寫報告的過程分成較小、較容易完成的步驟，因此也會產生相同效果——將浪費時間的可能性降至最低、更有邏輯地安排讀書計畫，而且每完成一個項目就會多一點成就感。

此外，如果你已經養成了邊複習邊寫下問題的習慣，為什麼不試著組合自己的考卷？你的考題越難，面對真正考試時，你的準備就越充足，也會越有信心。

測驗練習有不少好處，不論你複習的目的是為了週考、大考或資格考。事實上，考試舉行的年代越久遠、標準化的程度就越高，熟悉試題結構、考試規則與陷阱的重要性也越高。

首先，熟悉試題的型態，可以讓你策略性地研讀資料，釐清複習的優先順序，以較有組織性的方式應考。

熟悉感會讓你覺得更自在，而自在是好表現的重要因素。熟悉感也可以帶來組織力，還能讓你專注投入考試，有更多時間回答考題，而不是猜答案。此外，熟悉感也能降低時間限制所帶來的壓力。

最後，同樣非常重要的是，測驗練習是一種高效率的學習，也是強化記憶的好方法。

考試當日的習慣與提醒

如果考試不是在例行的上課時間舉行，那麼你必須提早抵達考場。根據個人喜好（參閱第二章），選一個你喜歡的座位坐下。

但是要注意可能的許多變數。一個兩三百人一起考試的考場，坐在前排具有明顯的優勢：你可以更清楚地聽到監考老師的指示，以及他們對問題的回答，而且你通常會是第一個拿到考卷（最後一個交卷）的人。

如果考試規定允許你先看一遍考卷的內容，絕對要這麼做。看完整份考卷後，你就會大概知道有什麼樣的題目在等著你，也可以先找出最簡單的部分，並且知道各類型題目的分數比重。

瞭解基本規則

有沒有倒扣？答對一題得兩分，答錯一題會倒扣一分。這樣的給分方式絕對會影響你猜題的決定，或者至少會影響你必須掌握多少答對的機率才下手猜題。

對於一些大型的入學考或國家考試，進考場前最好先閱讀考試的規定。（市面上有許多參考書，裡面都有說明。）接著快速瀏覽參考書或網路上的說明，確定相關規定沒有改變。這麼做可以幫你省下現場理解的時間；在這類考試中，通常幾分鐘就是決戰的關鍵。

你是否衡量了各類問題的分數比重？有些考試分成幾大類的問題，有些類別占分很低；有些部分占分很高，通常是重要的申論題。分數比重顯然會影響你在回答不同題目時所分配的時間。

過關斬將靠畫圖

如果畫圖可以幫助你理解題目或找出正確的答案，不失為一個好方法。倘若考題涉及好幾個因果關係，利用簡寫或符號快速畫出或寫下這些步驟。這麼做可以幫你看到疏漏的地方、瞭解不同成因之間的關係，選擇正確的答案。

遵守答題規定

閱讀並瞭解相關的考試規定。如果你應該勾選所有的正確答案，但你以為只有一個正確答案，那就完了。如果只要在五題申論題中選擇兩題作答，而你以為要全部作答，除了時間明顯不夠外，即使你設法完成所有的申論題，但能否寫出言之有物的內容讓老師給你高分，實在令人懷疑。

如果你怕自己忘了一些相關的事實或公式，在開始回答問題前，先把這些事實或公式寫在考卷的某個地方。這樣做花不了你多少時間，卻可以讓你省去不少糾結的記憶拉鋸戰。

把握時間

不要依賴牆上的時鐘，自己帶只錶（但別帶手機）。不要提早離開考場。讓老師和其他同學以為你聰明到可以提早答完，沒有任何好處。如果真的對自己的答案完全滿意，你大可以先交卷。但一般來說，放慢速度可以減少粗心的錯誤。

同理，別擔心其他人的舉動。最後要留下一點時間檢查答案。就算你是最後一個離開考場的，又怎麼樣？不論其他人多早離開，或走出考場時多麼自信滿滿，都可能拿到不好的成績。把握時間，盡力而為。

如何應付選擇題測驗

應付選擇題測驗有三種方式：

一、從第一題開始逐題作答，直到全部答完，不要跳過任何題目，有疑問的問題也必須回答，或做出有根據的猜測。

二、先回答簡單的題目，也就是那些你不需要思考就知道答案，或只需要簡單計算的題目，然後再回頭處理那些比較困難的題目。

三、先回答困難的題目，把簡單的問題留待最後作答。

這三種作答方式沒有絕對的對或錯，不同人適合不同的方式。從某個層面來說，第一種方式速度最快，因為你不用花時間把所有題目從頭到尾先看一遍。如果你不想讓自己因為任何問題而驚慌失措，或先花費大量時間在解難題，這種方式可能適合你。

第二種方法可以確保你答對最多的題目，因為你先回答的題目全是你有把握的問題。假設在相對快速的情況下解決了所有簡單的問題，那麼你就有大把的時間處理那些你覺得特別頭痛的題目。

許多專家都建議採用第二種答題方式，因為把所有會答的題目先答完了，可以提高考生的自信，有助於處理那些比較沒有把握的問題。如果你也同意這種看法，當然可以採用這個方式。你也可以在預覽整份考卷時，先處理簡單的題目，這樣不但費時較短，同樣可以提振信心。

最後一種方法其實是我採用的選擇題作答法。我通常是從最難的問題開始作答，循序朝簡單的問題前進。（這表示我通常都從考卷的最後一題開始往前回答，因為許多出題者都會逐漸增加考題的難度。）

也許你們會覺得這樣的答題方式很奇怪，但我認為，如果在考試時，時間壓力是越來越大的，那我寧願在剩下的有限時間內，回答最簡單的題目（許多簡單的問題），而非回答那些我必須不斷思考的問題。畢竟到了考試最後，腦袋已經不像剛開始時那樣靈活。

第三種作答法的最大好處在於：在最活躍、最清醒的時候，處理那些需要最多分析、思考及判斷的題目。接近考試尾聲時，也就是最疲倦的時候，回答一些名符其實的送分題。

這麼做一樣可以增強自信心，因為完成一道困難的題目後，感覺就會好一點；等到做完所有困難的題目，剩下的題目猶如倒吃甘蔗。然而，我總是確保有足夠的時間回答所有考題。與其答對一題卻空了三題沒答，還不如答錯一題，但答完且答對其他三題。

千萬別落入茫然作答的狀態。有些學生想不出答案時，就這麼腦袋空空瞪大眼睛十分鐘。做點事情。就算那題答錯了，繼續答題也比浪費時間發呆好。

玩一玩刪除的遊戲

猜答案並沒有錯，當然，如果你知道答錯會倒扣，又是另外一回事。然而，即使會倒扣，重點仍在於你猜得準不準。

如果答錯不扣分，那就絕對不要空下任何題目不作答，但你還是要盡可能增加猜對的機率。如果每個選擇題都有四個選項，那麼猜對的機率是百分之二十五；猜錯的機率則是百分之七十五。但是如果你可以刪除一個答案，就算你只是合理認為這個答案不可能正確，猜對的機會就提高到了百分之三十三。

如果你可以把選擇縮減成兩個答案，那麼答對的機率就和丟銅板一樣了。就比例推算，你猜對的機會跟猜錯的機會一樣高。若猜對的機率有一半，即使會倒扣，我可能還是會選擇一個答案。

要改變原來猜的那個答案嗎？

第一次的猜測有多準？根據統計，其實相當準；前提是你的猜測有根據，而非亂槍打鳥。正是因為如此，所以除非碰到以下情況，否則不要修改原來猜測的答案：

- 原來真的只是胡亂猜測，深思之後，你認定原來猜的答案應該被排除，也就是說，你這次的猜測至少不是亂槍打鳥。
- 你想起了一些事情，因而改變原來猜測的準確率；或者你後來作答的題目，有助你猜測前一題的答案。

・數學題計算錯誤。

・看錯了題目，沒有注意到題目中的「非」、「絕非」、「總是」這類關鍵字。

萬一你排除了四個答案中的三個，卻認為照理說應該是正確的那個答案不正確，怎麼辦？把這個答案排除，然後從頭分析其他三個可能的答案，你現在相信這三個選擇中絕對有一個是正確的。

若你在考試時猜了答案，而事後老師會將考卷發還，那麼在猜答案的題目旁邊標上記號，之後你就可以確認自己的猜測準不準。

如果最後你還有時間回頭檢查一下猜測的那些題目，並重新思考各個答案選項，那就再檢查一遍，把確定錯的答案劃掉，節省作答時間。當你認為已經答完全部題目時，檢查一下答案卷，確定自己沒有跳頁。

如何在選擇題考試得高分

- 小心別過度揣測。不要批評出題者，或尋找根本不存在的答案規律。
- 肯定的答案的正確率通常高於否定的答案。
- 除非你很確定自己是錯的，否則不要推翻第一次的決定。

▼仔細尋找否定詞或其他會讓你落入陷阱的字眼。（「下列哪一項不是……」）

▼如果答案中包含了「全都」、「總是」、「絕對不是」或「無一」等字眼，通常都不是正確的答案。但要強調，我只是說通常。

▼如果答案中出現「有時候」、「可能」或「有些」，很大的機率是正確答案。

▼如果你不知道正確答案是什麼，先刪除錯誤的答案。

▼除非你瞭解答案中每個字詞的意思，否則不要隨便排除任何答案。

▼選擇正確答案前，把所有的答案都看一遍（除非你是隨便亂猜，而且猜錯不倒扣）。出題者常常會出那種第一眼看起來好像正確的陷阱答案，目的就在蒙蔽那些不看完其他答案就做出選擇的人。

▼在一般的考試時，你可以考慮先在試卷上作答，等做完全部的考題後，再把答案填入答案卷。

▼最長以及／或最複雜的答案，通常都是正確的答案，因為出題者為了要讓答案完整且無爭議，往往必須說得清楚明白。

▼對那些連兩歲孩子都會選的答案，要特別謹慎。老師為什麼要送你這樣的大禮？也許他送的根本不是禮物。

- 即使看完題目後覺得無解，也不要放棄。從不同的角度再看一遍，用自己的話或畫圖的方式重新詮釋一遍，或許可以解出來。
- 出題者若鮮少採用「以上皆是」或「以上皆非」的選項，一旦出現這樣的選擇，可能就是正確答案。
- 如果你確定至少有兩個正確答案，那麼「以上皆是」就是正確的選擇。
- 即使你僅是合理地認定其他答案都不正確，「以上皆非」可能是正確答案。
- 若題目的答案是單數，把複數的答案都先刪除。
- 若答案是現在式，那就把過去式或未來式的答案先刪掉。

閱讀測驗

這類考試型態是一篇短文加上幾個問題。你應該可以在短文中找到問題的解答；答案以不同的方式隱藏在文章中。回答閱讀測驗的幾個建議方法如下：

- 閱讀短文前先看問題。這些問題可以提示你應該尋找什麼樣的訊息，並且影響你閱讀文章的方式。如果題目問的是日期，在你閱讀的過程中，把所有的日期圈起來。如果要找的是某些事實而非結果，調整閱讀的重點。

✓看到問題後，先不要找答案，想想你自己的答案。如果你的答案與可選擇的答案相同，恭喜中獎！

✓如果正確的答案不好找，放慢閱讀速度，腦子裡想著你剛才看到的問題。不要在短文上畫太多線，不過諸如「然而」、「雖然」、「儘管如此」、「但是」這些改變語意的連接詞，一定要畫線，因為轉折很可能會化為問題。舉例來說，「史密斯是那種喜歡寫作勝過編輯內容的作者，而他的妻子露意絲恰好相反，」這句話可能為「露意絲喜歡寫作還是編輯內容？」這個問題提供了答案。

✓把所有的問題再看一遍。找出第一題的答案、接著第二題、第三題……不要跳過任何一題，除非第一題真的很難。如果跳過的題目太多，你可能連自己都搞糊塗了，難以完整或正確地回答每道題目。

怎麼做數學選擇題

如果可以省去計算，就可以省下時間。譬如，你可以不用實際運算就找出下列問題的答案嗎？

334×412＝

（A）54,559

（B）137,608

（C）22,528

（D）229,766

只要把兩個數字的最後一碼相乘（4×2），你就可以刪掉兩個答案，因為正確答案的最後一碼必定是8。所以A與D就可以被排除了。就是這麼快！

現在，仔細研究一下B與C。你可以快速找出正確的答案嗎？你需要利用「猜算」（guesstimating）的技巧。你應該可以很快算出334×100＝33,400，所以C一定是錯的，因為顯然這個數字太小了。所以你只剩下B這個選擇。

你需要實際運算來確認B是正確答案嗎？為什麼要這麼做？你已經確定A與D是錯的，你也知道C太小了，所以就在答案欄寫下B，繼續下一題。

以下是其他可以提升數學考試成績的方法：

✔弄清楚題目在問什麼、要運用什麼定律、哪些資訊重要、哪些不重要。不要讓無關緊要的資訊害你分了心。確認自己知道正在找什麼樣的答案：速度、重量、角度、函數，還是平方根？

- 盡可能以文字詮釋公式。在你開始運算前，先推算一下答案。這樣你至少會知道自己可以奔跑的球場有多大。
- 即使你並非特別倚賴視覺能力的人，圖畫往往還是可以幫上忙。把特別討厭的數學題目畫成圖表。
- 什麼都試試，同樣的答案通常會有不同的抵達路徑。
- 檢查運算過程時，試著從結果往前推。這是找出粗心錯誤的簡單方式。
- 把所有的運算過程都寫下來，整整齊齊地寫下來。花點時間再計算過比較不容易出錯，即使出錯也更容易發現。
- 考試時，把運算與公式的每一步都寫下來。就算你知道所有的定律與公式，但如果運算一開始就算錯，也不可能得出正確答案。不過許多開明的老師若知道你確實理解相關知識，而且所有的步驟都對，唯獨在計算的時候不小心錯了，扣分時就不會太嚴苛。
- 若是使用計算機，務必要立刻再檢查一次答案，因為你可能會按錯數字。

重複按下相同錯誤的機率相當高。

假設你成功排除了一兩個答案，仍然無法確定自己所選擇的答案是否正確，而且沒有其他方式能夠排除剩下的答案，那麼下列訣竅可以讓猜測更有根據：

- 如果兩個答案唸起來很像，兩個都別選。
- 題目難度很高時，最明顯的答案可能是錯的，但與最明顯的答案相近的那個答案，可能是正確的。
- 如果可選擇的答案涵蓋了很大的範圍，選擇中間值的那個。
- 如果有兩個數值非常接近，選其中一個。
- 如果兩個答案的差異只在小數點的位置，而其他答案相差很遠，選擇那兩個的其中一個。（譬如：2.3、40、1.5、6、15；我會選擇1.5或15。若可以從問題中找出小數點的位置，勝算更高！）
- 如果有兩個相似的答案，不論是關於公式或形狀，選擇其中一個。

記住，這些方法無法保證你拿到高分，它們只是根據經驗得出的較可靠的方式，可以增加你猜對的機率。

一半的答對機率不算差

在是非題的考試中，如何增加自己的得分？

首先，必要時得大膽地猜測答案。畢竟在選擇題時，若你能夠排除幾個錯誤的答案，留下最後兩個選擇，通常就值得去猜。所以，除非猜錯會倒扣，否則就放心大膽地猜吧！就算會倒扣，只要對於正確答案有任何一點線索，你就應該試試運氣。

事實上，猜對是非題的機率通常高於一半，因為大多數出題者比較偏向設計答案為「是」的題目。所以如果你真的無法判斷某個題目的陳述是對還是錯，就猜「是」吧。如果題目的陳述包含了特定的細節，譬如「成人體內有二百零六根骨頭」，通常這類的答案都是對。

在是非題中，出題者會設下什麼樣的陷阱？以下是幾個值得注意的地方：

正確的兩段陳述，以特定的方式連接後，就變成錯的。舉例來說：「因為多數的鳥類都會飛，所以牠們利用石頭幫助消磨食物。」多數鳥類都會飛，鳥類也的確會吞嚥石子幫助消化，但用因果關係詞連結兩個子句，卻使得整個陳述變成錯的。

在選擇題考試時，最長以及／或最複雜的答案，通常都是正確的。但在是非題時，原則恰好相反：陳述內容越長以及越複雜，越可能不正確，因為題目中的每個字句都必須是對的才行。

涵蓋範圍很廣的一般性陳述，鮮少是正確的。當你看到「所有」、「總是」、「不是」、「絕非」或其他絕對的字眼時，要特別注意。只要你能想到一個反證，那麼這一題的答案就是錯。但是要謹慎：也有出現這類絕對字眼的陳述是正確的題目，儘管機會非常小。

同理，「有時候」、「經常」、「屢屢」、「一般而言」、「通常」、「大多」、「可能」、「或許」這類字眼，都是較謹慎的陳述，因此通常也代表對的陳述。雙重否定的句型也要小心：「並非罕見」這個說詞就很常見。

策略提醒：加幾個字讓一句話陳述變成錯誤的，是很簡單的事。所以當你在閱讀題目時，尋找任何會讓整段陳述變錯的關鍵字詞。若找不到，就可以假設這段陳述為真。

沒有「簡單的」考試

有些人以為「翻書」的考試是所有測驗中最簡單的。考生們打從心底期待這樣的考試，直到他們看到考題。

翻書測驗其實是所有考試中最困難的一種，就連平常很仁慈的老師，可能都會把這種考試弄得比海軍陸戰隊的魔鬼訓練還難應付。反正你們可以翻書！聽起來像是拿到了合法的小抄，對嗎？許多翻書考試甚至還是帶回家的考試，意思是你可以翻閱你的筆記，以及任何你可以想得到的書籍或工具。

就是因為這類考試絕不簡單，因此不論你對考試範圍的資料多熟悉，都必須在考前做好準備：

✔ 把重要的書頁折起來或別上迴紋針，或用任何方式做記號，以便快速翻到重要的圖表、一覽表、摘要或範例。

✓製作一張目錄，列出所有折起來的書頁，讓你可以一目了然每張圖表和重點的正確位置。

✓把所有重要的事實、公式都摘要在一張紙上。

✓如果考試可以翻閱筆記，製作一張簡單的筆記目錄（通常只需寫下標題），以便快速對應到相關的資訊。

作答時，先回答那些你不需要翻書就可以回答的題目，接著再應付那些你必須完全仰賴書本的題目。不要一味引用課本的內容，與其完全抄襲書上的範例，最好還是自己寫出類似的範例；相較於一字不漏地抄，最好還是採用改述原文的方法比較妥當。

一般而言，帶回家的翻書考試是難度最高的考試。課堂上的翻書考試，作答時間實際上不能超過課堂時間。但要完成一份帶回家的考試，你很可能需要付出一、兩個晚上，甚至一個星期或更長的時間。

為什麼這種考試難度最高？因為老師給了你非常多的時間，所以他們認為這份試卷的作答時間應該要比課堂時間更長。你很可能翻遍了所有課本、筆記與參考資料，還是只能掌握幾個題目，甚至得花上好幾個漫漫長夜應付剩下的問題。而老師給你的作答時間越長，拖拖拉拉的情況就越容易出現（「管他的，我還有兩個晚上！」），你我都很清楚這樣的拖延會造成什麼結果。

倒是這種考試有兩個好處，可以讓你感到平衡一些。首先，老師給了你「最佳表現」的機會，在這場沒有任何時間限制的考試中，你沒有任何理由不考出好成績。其次，如果正常考試時你很容易失常，在舒適環境中作答，應該可以讓你減少很多壓力。

可以得高分的申論答案

遇到申論題考試時，要像面對任何其他考試般安排好你的時間。如果你得在一個小時內完成三道申論題，不需要愛因斯坦就可以算出每個題目你只能分配二十分鐘。

真的是這樣嗎？以此為例，我建議每道申論題只分配十五分鐘作答，最後留下十五分鐘檢查、校對，以及修改或增加回答。如果任何一題的分數高於另外兩題，依比例調整作答時間。

留給第一題的時間若到了，立即換答下一題，不論第一題寫到哪裡。最後你會有多餘的時間回頭補寫。相較於兩題精彩的回答而一題完全沒有動筆，大多數的老師應該會給予三題都論述的還不錯的考卷較高的分數。

在開始回答任何申論題之前，要先思考衡量一下。首先，研究一下題目。你確定知道題目在問什麼嗎？用你的話重新詮釋一遍，然後與老師的題目相比。你的陳述與題目講的是同一件事嗎？如果不是，顯然你誤解了題目的意思。

避免誤解問題的一個辦法，是重新詮釋問題，然後將你的詮釋變成申論的破題。如此一來，即使你誤解了老師的問題，你也說明了你的詮釋方向。如果你的回答方向與老師期待的有些不同，這種做法仍然有可能讓你因為論述得當而得到好成績。但是千萬不要刻意或因為其他動機而曲解問題，只為了依照自己的方向作答。

確定自己知道指示動詞的意義。當試題告訴你「比較相同與相異處」，不要只是「描述」。當考題要求你「討論」時，不要光做「解釋」。在本章稍後的章節中，我會將常用的動詞以及這些動詞要求你做的事情，列表簡述。

防呆的行動計畫

以下是按部就班回答申論題的方法：

第一步：在一張空白的紙上，寫下你覺得應該包括在答案裡的所有事實、想法、概念以及數據。

第二步：把紙上的資料依照寫作的先後順序安排。你不需要重新謄寫這份備忘錄，只要根據你回答的順序，為各個項目標號即可。

第三步：寫下第一段。你應該在這一段裡摘要與介紹自己將要回答的重點。這一段是決定你這篇申論回答是精彩或乏善可陳的關鍵。

第四步：盡可能用清楚易讀的筆跡寫下你的答案。大多數我認識的老師都不會大費周章地去解讀鬼畫符的字體，遑論給高分了。如果考試允許（鼓勵或甚至要求）你使用電腦或平板，就可以避免這種麻煩了。

第五步：重讀一遍自己的回答，把遺漏的重點加進去、更正錯字與文法，同時盡可能保持文字洗鍊。除此之外，小心那些因粗心而造成的嚴重錯誤，譬如漏了「不」字，使得論點變得完全相反了。

如果你知道某個事實非常重要，應該放在回答中，卻不記得該事實詳細的內容，那麼除非你還有些印象可做猜測，否則乾脆不要提。如果你的回答井井有條，除了這個重點外，其他應該涵蓋的重點都論述清楚，我想大多數老師不會因為一個疏漏而苛扣你的分數。

千萬不要因為不必要的猜測反而拉低了分數。如果你覺得某件事發生在一七八四年，但又擔心可能是一七九四年，那就寫「十八世紀晚期」。「十八世紀晚期」不會讓你失分，但錯誤的年份可能會害你損失一、兩分。

切記，少有老師喜歡無意義的長篇大論。一篇條理分明、切中問題的回答，好過寫下所有你知道的東西，只希望能和答案沾上一點邊。就自己有限的所知，寫出一篇精彩的申論答案，絕對要比知道很多卻詞不達意的文章，可以拿到更高的分數。

申論題考試常用的指示動詞

比較 Compare　檢視兩種或多種目標、想法等等，找出相似與相異處。

對比 Contrast　相互比較以找出不一樣之處。同「區別」、「辨別」。

批評 Criticize　評斷與討論優、缺點。同「評論」。

定義 Define　解釋本質或必要特質。

描述 Describe　形容外表、本質、特質等等。

討論 Discuss　以論點、意見等方式進行檢討；辯論；探討解答。

列舉 Enumerate　列出不同的事件、描述、想法等。

評估 Evaluate　評定某個思想、意見的價值，提出證明以支撐論點。

解釋 Explain　讓某件事的意義變得清楚明白，以及易於瞭解。

闡述 Illustrate　利用特定的範例或類推法做解釋。

詮釋 Interpret　以自己的想法改述、翻譯或解釋某件事。

辯證 Justify　為某種陳述或結論辯護。同「支持」。

敘事 Narrate　詳述某件事的發生經過，依據發生的順序，提供各事件的細節。針對某時間內發生的事件時，同「描述」。

概述 Outline	提供一般性的大綱、經過或報告，適用於一本書、一個主題或一個計畫的要點。
證明 Prove	透過證據或論證建立真實性。同「說明」、「解釋」、「證明」（demonstrate，藉由數學演算證明正確性）。
關連 Relate	說明某個事件或情況，通常是為了建立連結性或關係。
檢視 Review	以批判的角度分析議題、事件或想法。同「描述」、「討論」、「闡述」、「概述」。儘管有些出題者會替換使用這些詞，但這些詞之間還是有細微的差異。
說明 State	具體而清楚地提出事實。可與「舉出」、「詳列」、「指出」、「找出」、「列舉」或「舉例」替換使用。
簡述 Summarize	以精簡的形式陳述，省略範例與細節。
追溯 Trace	跟隨某事件或想法的歷史軌跡。

與其擔心特定的詞彙，不如把更多的心思放在資訊面。好好組織你的答案，首要目的是讓看的人看得懂，而非印象深刻。最好用比較簡短的句子與段落，務

求清楚簡潔，不要讓老師陷入子句的噩夢中。（若是這樣，你的高分也飛了！）

如果你完全看不懂題目是什麼意思，或者如果你對答案是什麼毫無頭緒，我指的是完全沒有想法，就先把題目空著。在這種情況下，最好多分配些時間給其他的考題，試著在那些部分爭取好成績。

到了最後要交卷前，再花點時間檢查申論的回答，也要看看其他部分的答案，確保所有字詞與數字都正確、確認答案與題目編號相符，甚至確認沒有因為翻得太快而漏答了試題。

如果時間不夠

儘管在考試一開始，你就應該謹慎分配有效的時間，確保自己能夠完成所有必答的題目。但天有不測風雲。你很可能發現自己只剩下兩分鐘，但還有一題申論題空著。怎麼辦？以最快速度寫下你認為應該放入這題的答案中的所有資訊，依照你要排放的順序編號。如果你還有時間，就重組這些要點，改寫成一個清楚的大綱。許多老師會因為你提出了所有重點，而給一點同情分數，因為你起碼展現出自己對於這個問題知道不少，而且有能力勾勒出一個合理的答案。

之所以會出現時間不夠的窘境，原因之一可能是你在前一題（或前幾題）寫得太多，你想要確定老師知道你的深度，所以就一直寫一直寫，直到來不及。

小心，有些老師會丟出一個相對廣泛的題目，而你說不定就這麼寫到地老天荒。面對這樣的題目，老師要測試的重點，並非你對這整個主題的理解，而是要考你針對自己所知的東西，如何編輯、組織與摘要重點。

標準化的測驗

美國的大學、研究所入學是採用各種標準化的測驗，諸如SAT（學術評估測驗）、ACT（美國大學入學考）、LSAT（法學院入學考）、GRE（美國研究生入學考），它們各有一套評分標準。這些測驗一如大學的畢業口試，重點不在於任何單一科目，甚至單一的分數。這些考試主要是在評估你的各種能力，包括數學概念的應用、閱讀與理解能力，以及語言技巧。

三個半小時長的美國大學入學考，兩百多題選擇題共分成四個部分，包括英文、數學、閱讀與科學，外加一題選擇作答的寫作測試，限時四十分鐘。美國大學理事會（the College Board）公布了為時三小時的美國大學入學考改革版，於二〇一六年首次實施。改革版的測驗將回歸到原有的一千六百分基準（閱讀與數學各占八百分），而五十分鐘的申論短文屬於選擇作答。大約在同時，美國大學理事會也公布了他們為高一、高二生所制訂的美國大學入學預考（PSAT）的新版本。美國大學入學考會倒扣，但美國大學入學預考不會。

姑且不論這些測驗的標準常常在變，學生都可以藉由練習來為考試做準備。複習英文與數學是絕對必要的。如果你以為只有書呆子才會學幾何，最好修正你的心態。

坊間有各種專門協助學生準備每一種測驗的機構，甚至連學校都可能提供這類課程，許多書店也有賣各式各樣的參考書。你可以考慮把時間、金錢投資在聲譽不錯的課程上，譬如史丹利．卡普蘭的教育機構（Stanley Kaplan）、普林斯頓評論機構（Princeton Review）、專門協助律師資格考的BARBRI集團等，或至少買本主流的參考書。

由於這些考試真的是**標準化**的測驗，所以若你學習了這些測驗的應考方式，並藉由考古試題進行練習，降低自己的緊張程度，對考試內容更有概念，那麼對考試分數確實不無幫助。

也許你不斷聽到人家說，入學測驗無法決定你將來會成為在高級餐廳裡享受美食的成功人士，抑或清理餐廳廚房的打雜工。這些測驗成績對大學入學固然重要，但對於你想要就讀的某所大學來說，或許並非絕對重要。美國現在有超過八百五十所大學已經不再以學術評估測驗或入學考作為招生標準，儘管仍屬少數，但這個數字已經相當驚人。

重要說明：許多標準化測驗都只能在電腦上作答（CAT，電腦化適性測驗型態computer-adaptive testing format的縮寫）。其中又以美國研究生管理學科入學考試、美國研究生入學考試、托福以及其他一些特定資格測驗最重要。這些資訊對你有什麼意義？僅藉由電腦化適性測驗的型態舉辦的考試，需要另外一套應考策略，原因有二：一、你無法修改之前的答案；二、你無法跳過某題稍後再作答。一定要事先確認考試是採電腦系統或書面測驗的方式，然後依照各自的型態做練習與擬訂策略！

給父母的叮嚀

許多父母過度重視孩子的成績，我給這些父母的建議如下：

不要太操心孩子的考試成績。太過強調分數會讓孩子感到沮喪，特別是那些已經因為壓力而陷入焦慮的孩子。

害怕失敗的孩子比較容易在考試時犯錯。幫助這些孩子在學習以及做任何事的過程中，建立起自信心。

不要用一次考試的分數來評斷孩子，不論考試有多重要。任何考試都不是評量孩子的能力與學習成果的完美工具。

盡可能常常與孩子的老師聊聊。他們對孩子的評估與看法，遠比任何一次的考試成績，甚或一連串的考試成績，都要來得中肯。

確認孩子規律地上學，翹課的孩子不可能學得好。

確保孩子有足夠的睡眠，特別是在大考前，睡眠一定要充足。疲憊的心靈只會帶來令人疲憊的分數。

和孩子一起檢討考試結果，讓他們知道成績可以告訴他們什麼。這種做法對數學與科學的科目特別重要，因為在這類學科中，觀念是一步步堆疊起來的。

注意那些錯誤的答案，找出孩子之所以答錯的原因。這麼做可以釐清是否孩子其實知道正確的答案，只是不瞭解問題。

仔細看看老師寫在考卷上的評語，並與孩子討論，特別是孩子考得很糟的時候，更要這麼做。

考前組織表

課程：＿＿＿＿＿＿＿＿　教師：＿＿＿＿＿＿＿＿

考試日期：＿＿＿＿＿＿＿＿　考試時間：＿＿＿＿＿＿＿＿

考試地點：＿＿＿＿＿＿＿＿＿＿＿＿＿＿＿＿

特別規定提醒（譬如：帶計算機、字典等）：

＿＿＿＿＿＿＿＿＿＿＿＿＿＿＿＿＿＿＿＿

＿＿＿＿＿＿＿＿＿＿＿＿＿＿＿＿＿＿＿＿

考試需要溫習的資料（若需要可全選）：

＿＿書　＿＿DVD／錄影帶

＿＿工具書　＿＿考古題

＿＿課堂筆記　＿＿其他

＿＿講義

考試型態（是非題、申論題等各類考題的數量，以及各類的總分）：

學習小組（地點、時間）：

1.

2.

3.

4.

5.

6.

7.

8.

複習的範圍：

要標明主題、資料來源，以及複習程度（深入或簡略）。複習完成後打勾。

主題	資料來源	複習程度

考試後

期待得分：＿＿＿＿＿＿＿　實際得分：＿＿＿＿＿＿＿

考前做了哪些事情有所幫助？

我還應該做些什麼？

結語

慶祝成功

我以你為榮。你已經看完了整本書。在此是我最後的建議：

從頭到尾，再讀一遍。就像再看一遍看過的電影時，總是會發現一些你在第一次看的時候沒發現的地方。

練習本書一再提醒的方法。以前考試不及格，你可以說是因為你不知道如何念書，但現在你再也沒有藉口了。

寫信或email給我，告訴我哪些建議對你有幫助，以及你的進步狀況。

寫信請寄：

Ron Fry
c/o Career Press,12 Parish Drive, Wayne, NJ 07470, U.S.A.
Email: Ronfry@careerpress.com

我一定會盡量回信；但請不要打電話給我，因為我可能正在某處推廣本書！

國家圖書館出版品預行編目資料

一本搞定K書、考試、時間管理的學習聖經
朗恩．費瑞 Ron Fry 著 麥慧芬 譯
二版. -- 臺北市：商周出版：城邦文化事業股份有限公司出版: 英屬蓋曼群島商家庭傳媒股份有限公司城邦分公司發行
2024.02 面； 公分
譯自 How to Study

ISBN 978-626-390-019-6（平裝）

1.CST: 學習心理學 2. CST:學習方法

521.1 113000133

一本搞定K書、考試、時間管理的學習聖經

原著書名／How to Study
作　　者／朗恩．費瑞 Ron Fry
譯　　者／麥慧芬
責任編輯／陳玳妮
版　　權／林易萱

行銷業務／周丹蘋、賴正祐
總 編 輯／楊如玉
總 經 理／彭之琬
事業群總經理／黃淑貞
發 行 人／何飛鵬
法律顧問／元禾法律事務所 王子文律師
出　　版／商周出版
城邦文化事業股份有限公司
臺北市南港區昆陽街16號4樓
電話:(02) 25007008 傳眞:(02)25007759
E-mail:bwp.service@cite.com.tw
發　　行／英屬蓋曼群島商家庭傳媒股份有限公司城邦分公司
臺北市南港區昆陽街16號5樓
書虫客服服務專線:(02)25007718;(02)25007719
服務時間：週一至週五上午09:30-12:00；下午13:30-17:00
24小時傳眞專線:(02)25001990;(02)25001991
劃撥帳號:19863813;戶名:書虫股份有限公司
讀者服務信箱:service@readingclub.com.tw
歡迎光臨城邦讀書花園 網址:www.cite.com.tw
香港發行所／城邦(香港)出版集團有限公司
香港九龍土瓜灣土瓜灣道86號順聯工業大廈6樓A室
E-mail:hkcite@biznetvigator.com
電話:(852) 25086231 傳眞:(852) 25789337
馬新發行所／城邦(馬新)出版集團【Cite (M) Sdn. Bhd.】
41, Jalan Radin Anum, Bandar Baru Sri Petaling,
57000 Kuala Lumpur, Malaysia.
Tel: (603) 90563833 Fax: (603) 90576622
Email: cite@cite.com.my

封面設計／一一生活設計
排　　版／芯澤有限公司
印　　刷／卡樂彩色製版印刷有限公司
經 銷 商／聯合發行股份有限公司
電話:(02)2917-8022 傳眞:(02)2911-0053
地址:新北市231新店區寶橋路235巷6弄6號2樓

■2024年02月29日二版
定價380元

Printed in Taiwan

ISBN 978-626-390-019-6

城邦讀書花園
www.cite.com.tw

商周出版

廣　告　回　函
北區郵政管理登記證
北臺字第000791號
郵資已付，免貼郵票

115　台北市南港區昆陽街16號5樓

英屬蓋曼群島商家庭傳媒股份有限公司城邦分公司　收

請沿虛線對摺，謝謝！

商周出版

書號：BO6029X　書名：一本搞定K書、考試、時間管理的學習聖經　編碼：

請於此處用膠水黏貼

商周出版

讀者回函卡

感謝您購買我們出版的書籍！請費心填寫此回函卡，我們將不定期寄上城邦集團最新的出版訊息。

不定期好禮相贈！
立即加入：商周出版
Facebook 粉絲團

姓名：________________ 性別：☐男 ☐女

生日：西元________年________月________日

地址：________________

聯絡電話：________________ 傳真：________________

E-mail ：

學歷：☐ 1. 小學 ☐ 2. 國中 ☐ 3. 高中 ☐ 4. 大學 ☐ 5. 研究所以上

職業：☐ 1. 學生 ☐ 2. 軍公教 ☐ 3. 服務 ☐ 4. 金融 ☐ 5. 製造 ☐ 6. 資訊
☐ 7. 傳播 ☐ 8. 自由業 ☐ 9. 農漁牧 ☐ 10. 家管 ☐ 11. 退休
☐ 12. 其他________________

您從何種方式得知本書消息？

☐ 1. 書店 ☐ 2. 網路 ☐ 3. 報紙 ☐ 4. 雜誌 ☐ 5. 廣播 ☐ 6. 電視
☐ 7. 親友推薦 ☐ 8. 其他________________

您通常以何種方式購書？

☐ 1. 書店 ☐ 2. 網路 ☐ 3. 傳真訂購 ☐ 4. 郵局劃撥 ☐ 5. 其他________

您喜歡閱讀那些類別的書籍？

☐ 1. 財經商業 ☐ 2. 自然科學 ☐ 3. 歷史 ☐ 4. 法律 ☐ 5. 文學
☐ 6. 休閒旅遊 ☐ 7. 小說 ☐ 8. 人物傳記 ☐ 9. 生活、勵志 ☐ 10. 其他

對我們的建議：________________
____
____

請於此處用膠水黏貼